HISTORIQUE

DU

TRAITÉ DE COMMERCE DE 1860

Paris. — Imprimerie Auguste Vallée, 16, rue du Croissant.

HISTORIQUE

DU

TRAITÉ DE COMMERCE

DE 1860

ET

DES CONVENTIONS COMPLÉMENTAIRES

<hr>

PARIS

IMPRIMERIE D'AUGUSTE VALLÉE

46, RUE DU CROISSANT

1869

BUT DE CETTE PUBLICATION

Le moment est venu de faire l'historique du traité de commerce avec l'Angleterre et des conventions qui l'ont complété.

Toutes les conditions en sont connues, une partie des tarifs est déjà en vigueur, et la dernière partie recevra son application dans le courant de la présente année.

Quelles seront les conséquences de ce traité, dont les clauses vont être successivement étendues, par des traités analogues, aux autres pays? Quel sera le sort de notre industrie nationale sous le nouveau régime que l'on vient d'inaugurer? c'est une question que nous n'essaierons même pas de traiter ici. C'est l'avenir, et un avenir prochain, qui se chargera d'y répondre. Nous ne pouvons maintenant que laisser la parole aux faits.

Mais ce qui nous a paru nécessaire, c'est qu'une révolution aussi radicale ne s'accomplit pas, sans qu'il restât un document propre à faire connaitre comment et de quelle façon les choses se sont passées.

Il est permis, ce nous semble, de prévoir le cas où cette révolution aurait un autre résultat que celui que l'on s'en promettait, où elle tournerait à mal, où elle compromettrait tout à la fois l'industrie, la richesse et la puissance de notre pays.

Or, dans cette hypothèse, il est d'une grande importance que l'on sache d'où sont venues les erreurs qui auront été commises, afin que, du moins, l'expérience nous serve, et qu'elle nous empêche de retomber dans les mêmes fautes, lorsque, par suite de l'expiration ou d'une rupture imprévue du traité, nous rentrerons dans la libre disposition de nos tarifs.

Peut-être, en effet, si l'on avait eu sous les yeux l'historique du traité de 1786, de fatale mémoire, on eût procédé, en 1860, d'une toute autre manière, avec moins d'omnipotence, avec plus de ménagement, avec plus d'impartialité et surtout moins de parti pris.

Voilà pourquoi, non dans un vain esprit de récrimination, mais uniquement dans l'espérance de faire une chose utile et salutaire, nous croyons devoir retracer, suivant nos lumières et nos informations, un exposé détaillé de toutes les circonstances qui ont précédé ou accompagné la conclusion du traité de 1860 et des conventions qui l'ont complété.

Nous suivrons donc cette grande affaire dans ses différentes phases; nous passerons successivement en revue le traité de commerce signé par l'Empereur, en vertu du droit qui lui a été reconnu par le Sénatus-Consulte du 26 décembre 1852; les interprétations que ce traité a reçues; l'enquête qui a eu lieu devant le Conseil supérieur du commerce; les conventions complémentaires et enfin les tarifs qu'elles renferment.

Nous retracerons cet historique avec conscience et franchise, sans rien dissimuler, mais en évitant presque toujours de tirer les conclusions et en préférant laisser au lecteur le soin de les tirer lui-même, ce qui lui sera facile, tant elles ressortent clairement.

LE TRAITÉ DE COMMERCE

Les premiers bruits de la négociation d'un traité de commerce avec l'Angleterre sont venus surprendre la France industrielle au moment où elle devait le moins s'y attendre, et lorsque tout, au contraire, dans la situation, jusqu'au langage même du Gouvernement, en des occasions récentes, devait empêcher d'y ajouter foi.

C'est d'Angleterre que sont parties les premières nouvelles de ces négociations ; nous verrons d'ailleurs, en suivant les phases de cette affaire, que l'Angleterre a toujours eu le privilége des informations, et que c'est toujours, et seulement par elle,

1

que nous avons connu ce qui se passait chez nous.

Lorsque le *Morning-Post* du 12 janvier 1860 annonça que des négociations avaient lieu pour la conclusion d'un traité de commerce avec la France, sur de larges bases et qu'il en espérait la prochaine conclusion, le sentiment général fut un sentiment d'incrédulité. Cette nouvelle si grave avait, en effet, tous les caractères de l'invraisemblance. On se rappelait les discussions qui avaient eu lieu au Sénat et au Corps législatif, et qui avaient mis en lumière les opinions économiques des deux grands corps de l'État. On se rappelait les paroles du Gouvernement lui-même, qui avait déclaré, à plusieurs reprises, que la politique commerciale de la France resterait toujours *fermement protectrice, prudemment progressive*. On se rappelait enfin l'ajournement à peu près indéfini du projet de loi sur la levée des prohibitions qui avait été résolu quelques mois auparavant. Certes, il y avait là toute espèce de raisons pour se refuser à croire à l'existence de négociations sérieuses pour la conclusion d'un traité de commerce avec l'Angleterre.

Mais le *Morning-Post* est, personne ne l'ignore,

le confident de lord Palmerston, l'organe semi-officiel du premier ministre anglais; il n'avait parlé qu'à bon escient, et peu de jours devaient s'écouler avant qu'on reconnut que cette nouvelle, accueillie avec tant d'allégresse de l'autre côté du détroit, n'était que trop bien fondée.

Le premier document, qui fit pressentir le changement de notre système économique, fut la lettre que l'Empereur adressa au ministre d'État, à la date du 5 janvier 1860, mais qui ne parut que le 16 dans le journal officiel.

L'Empereur y traçait un programme général des « mesures les plus propres à donner une vive impulsion à l'agriculture, à l'industrie et au commerce. »

Il semblait, toutefois, à prendre le programme au pied de la lettre, que toute négociation de traité de commerce, surtout avec l'Angleterre, se trouvait forcément ajournée à des temps plus ou moins éloignés.

La lettre impériale déclarait en effet : « que tout

s'enchaîne dans le développement successif des
éléments de la prospérité publique ; que la question
essentielle était de savoir dans quelles limites
l'État devait favoriser les divers intérêts et quel
ordre de préférence il devait accorder à chacun
d'eux ; qu'ainsi, avant de développer notre commerce étranger par l'échange des produits, il
fallait améliorer notre agriculture et affranchir
notre industrie de toutes les entraves intérieures
qui la placent dans des conditions d'infériorité. »

Faut-il maintenant énumérer les séries de mesures annoncées par la lettre impériale en faveur
de l'agriculture et de l'industrie. C'était, en ce qui
concerne l'agriculture, la participation aux bien-
faits des institutions de crédit, le défrichement des
forêts situées dans les plaines, le reboisement des
montagnes, les grands travaux de dessèchement,
d'irrigation et de défrichement, la mise en cul-
ture des biens communaux. C'était, en ce qui
touche l'industrie, l'affranchissement des matières
premières, l'amélioration énergiquement poursui-
vie des voies de communication, la réduction des
droits sur les canaux, le prêt exceptionnel, à un

taux modéré, de capitaux destinés à aider le fabricant dans le renouvellement et le perfectionne-
ment de son matériel.

Suivant la lettre impériale, l'encouragement au
commerce, par la multiplication des moyens d'é-
change, ne devait venir ensuite que comme conséquence naturelle des mesures précédentes, et la
suppression des prohibitions, ainsi que la conclusion des traités de commerce avec les puissances
étrangères, ne figuraient en effet que tout à la fin
du programme, dont elles formaient pour ainsi
dire le couronnement.

Qu'est-il arrivé, cependant? c'est que cet ordre
si logique, si nécessaire, a été complétement inter-
verti. C'est un traité de commerce, et un traité
avec notre rivale la plus formidable, qui a ouvert la
série des mesures énumérées dans la lettre impériale. On a mis, pour nous servir d'une expression
triviale, la charrue devant les bœufs. On a commencé par où l'on devait finir.

Quand l'industrie fut convaincue que ces négociations, auxquelles elle n'avait pas voulu croire, se

poursuivaient réellement et touchaient même à leur terme, ce fut alors une explosion d'inquiétudes qui se traduisit par des pétitions adressées de tous les centres manufacturiers à l'Empereur.

On ne contestait pas le pouvoir que l'Empereur tient de la Constitution. Les choses, en effet, ne sont plus ce qu'elles étaient sous la Restauration et sous le Gouvernement de Juillet. Tous les changements de tarifs, même quand ils résultaient d'un traité de commerce, devaient alors être soumis au vote des Chambres, et lorsque la question se présenta pour la première fois sous la Restauration, un député, qu'on n'accusera pas de tendances révolutionnaires, M. De la Bourdonnays, alla jusqu'à s'écrier : « Grâce au système défendu par le Gouvernement, un ministère qui s'entendrait avec l'étranger n'aurait plus besoin des Chambres pour le vote de l'impôt. »

Mais les temps sont changés ; l'Empereur est investi d'un pouvoir que n'avaient ni les Bourbons de la branche aînée, ni les Bourbons de la branche cadette, et il peut, aux termes du Sénatus-Consulte du 26 décembre 1852, faire des traités de commerce sans avoir besoin de soumettre à la sanction législative les modifications de tarifs qui s'y trouvent stipulées.

Peut-être eût-on pu soutenir que le Sénatus-Consulte, en accordant ce droit à l'Empereur, avait parlé de modifications de tarifs, et non de levées de prohibitions, ce qui est différent, de telle sorte que les prohibitions n'auraient dû, aux termes de la législation existante, être levées que par une loi.

Mais on n'abordait pas même cette question délicate, on ne contestait pas la prérogative impériale; on la respectait, et, en restant dans les limites posées par la Constitution, on s'efforçait seulement de montrer où pouvait entraîner l'exercice trop absolu d'un pareil droit, lorsqu'il s'agissait d'un traité de commerce qui était signalé comme devant opérer une révolution économique.

Ainsi on citait notamment les paroles suivantes extraites du rapport fait par l'illustre président du Sénat, M. Troplong, à l'appui du sénatus-consulte du 26 décembre 1852, portant interprétation et modification de la Constitution :

« Votre commission, y est-il dit, a la conviction intime que plus le Gouvernement est armé d'un droit éminent pour faire les traités, plus il sent la nécessité de s'environner des lumières des hommes spéciaux pour n'entrer dans la voie des modifications diplomatiques de tarifs qu'avec de grandes précautions.

» En cherchant à faire le bien, on peut se laisser entraîner à des mesures fatales, et il y a tel traité de commerce assez dangereux pour porter la plus grande perturbation dans tous nos intérêts, pour ruiner la production agricole, pour anéantir nos fabriques et bouleverser le système entier de notre économie politique.

» Par un traité de commerce irréfléchi, rien ne serait plus facile que de compromettre la richesse intérieure du pays, aussi profondément qu'un traité de paix portant imposition de subsides ou cession de territoire porterait atteinte à l'honneur national. »

Ces paroles avaient d'autant plus d'autorité dans le cas présent, que le traité de commerce, on ne

s'en cachait pas, n'était pas un traité-ordinaire ;
qu'il touchait à toutes les industries, à celles qui
étaient protégées par de simples droits aussi bien
qu'à celles qui l'étaient par la prohibition ; qu'il
devait avoir pour résultat de changer de fond
en comble la législation douanière à l'abri
de laquelle le travail national avait vécu jusqu'a-
lors.

Or, était-il prudent d'effectuer une révolution
économique aussi considérable par voie de traité
de commerce ? Le gouvernement, en touchant à de
si nombreux intérêts, était exposé à commettre de
graves erreurs ; l'existence de plusieurs de nos industries pouvait se trouver compromise ; où serait
le remède, si l'on se liait par un traité ? Il faudrait,
de deux choses l'une : ou en subir tristement les
désastreuses conséquences, ou bien recourir à la
guerre pour le briser à coups de canon. Telle était la
triste alternative dans laquelle on allait se placer.

Comment se fait-il qu'on ait laissé de côté les
conseils si sages donnés par le rapporteur du Sénat
et par tous les orateurs qui prirent part à la discussion du sénatus-consulte du 26 décembre 1852 ?

1.

Comment se fait-il qu'on n'ait tenu aucun compte des réclamations parties de tous les centres indus- triels, et que, sans s'arrêter aux raisons si puissan- tes qu'ils faisaient valoir, on ait opéré une révolu- tion aussi radicale dans notre système économique, d'une manière aussi brusque et aussi inattendue, non pas sous la forme d'une loi de douanes préparée et délibérée avec toutes les garanties usitées en ma- tière législative, mais sous la forme d'un traité de commerce qui excluait tout contrôle et qui devait en- chaîner la liberté du pays pour de longues années?

On n'aurait peut-être pas osé, chez nous, en don- ner la raison véritable ; le Ministère et le Parle- ment anglais, qui n'avaient pas la même réserve à garder, se sont chargés de la faire connaître ; ils se sont chargés de dire nettement et sans réticence ce qu'en France on pensait tout bas.

Lorsque les membres de l'opposition britannique ont demandé, pourquoi au lieu de laisser les deux pays effectuer spontanément et d'un commun ac- cord, chacun chez lui, les modifications de tarifs suivant les voies ordinaires, on avait, contraire- ment aux principes économiques admis aujourd'hui en Angleterre, recouru à la forme surannée d'un traité de commerce. Lord Palmerston a donné le mot de ce que M. d'Israeli avait appelé une énigme.

Voici comment s'exprimait lord Palmerston dans la séance du 24 janvier 1860 :

« On nous a blâmé d'avoir conclu un traité. On a » posé comme principe général qu'il n'est pas dési- » rable qu'un pays fasse des conventions de cette na- » ture touchant les tarifs douaniers. En effet, nous » devons rester les maîtres de régler nos tarifs et de » les modifier suivant que l'intérêt du peuple le » réclame. Mais, dans les négociations actuelles, il » s'est présenté une circonstance particulière : » *C'est que, par le fait de la Constitution française et* » *de son mode de législation, il n'était pas possible* » *d'obtenir du Gouvernement français cette sécurité* » *pour les arrangements futurs qu'il était nécessaire* » *que nous obtinssions, à moins que la transaction ne* » *prît le caractère d'une Convention ou d'un Traité* » *entre les deux pays.* C'est donc là un arrangement » COMPLÉTEMENT EXCEPTIONNEL..... »

Quelle était donc cette particularité de notre Cons- titution qui exigeait que l'arrangement prît la forme d'un traité de commerce pour assurer aux Anglais les modifications de tarifs qu'ils désiraient obtenir de notre part? Cette particularité, c'était le sénatus-consulte du 26 décembre 1852 qui, interprétant la Constitution, avait décidé que les traités de commerce auraient force de loi pour les modifications de tarifs qui y étaient stipulées.

La pensée de lord Palmerston était assez transparente; mais elle avait besoin d'être achevée et les journaux anglais l'ont rendue aussi complète qu'on pouvait le désirer

Il faut ici laisser parler le *Morning-Post*, qui est le journal officiel du ministère anglais.

« Il est bien vrai, écrivait ce journal, que le traité est une dérogation à nos usages récents et une exception à nos maximes politiques; mais nous croyons que cette déviation peut être complètement justifiée par des motifs d'une grande importance. Il ne suffit pas que nous considérions ce que nous pouvons et voulons faire pour l'établissement de la liberté du commerce entre la France et l'Angleterre ; *nous devons nous rappeler qu'il y a des choses que l'Empe-*

reur des Français peut vouloir, mais qu'il n'a pas le pouvoir d'accomplir. »

Le *Morning-Post*, après avoir établi ensuite que la liberté du commerce avait triomphé en Angleterre par la puissance de la majorité acquise dans les masses et dans le Parlement, déclarait qu'il en était tout autrement en France, où la position relative et les forces des partisans de la liberté du commerce et des protectionnistes étaient exactement le contraire de ce qu'elles étaient en Angleterre pendant la grande lutte commerciale.

Il ajoutait :

« Où sont les maîtres, où sont les disciples de la liberté commerciale en France ? En y comprenant l'Empereur lui-même, *nous pourrions presque les compter sur nos doigts.* Les protectionnistes et les prohibitionnistes se trouvent au contraire partout, dans les conseils départementaux, dans la législature, dans les bureaux de l'administration, dans les hautes fonctions de l'Etat et même dans le cabinet du souverain.

» Il est impossible de s'empêcher de sourire,

«continue le *Morning-Post*, quand lord Grey vient
nous dire que l'opinion publique en France va
bientôt convertir la nation française à la politique
de la liberté commerciale. Si l'adoption de cette politique dépendait du consentement des protectionnistes, qui disposent d'une majorité accablante
dans le Corps législatif de la France, il est probable, et même il est tout-à-fait certain, que la levée des restrictions, quelque désirable qu'elle soit,
ne serait jamais obtenue.

» En usant de sa prérogative souveraine par la
conclusion d'un traité, l'Empereur Napoléon III a
adopté le seul moyen de lever les difficultés qui
sans cela auraient embarrassé sa marche : il a fait,
s'il nous est permis de nous exprimer ainsi, *un
coup d'Etat commercial*. C'est par ce moyen seul que
la liberté du commerce peut être établie en
France. »

Ainsi, suivant les explications de lord Palmerston
et du *Morning-Post*, le traité de commerce a été un
coup d'Etat commercial, et l'on n'y a recouru que
parce que la liberté du commerce était dans une
infime minorité en France, que parce qu'il eût été

impossible de l'obtenir du vote des pouvoirs chargés de faire les lois.

Il est certain, en effet, que tout ce qui représente l'opinion en France, que tous les corps nommés par l'élection, étaient unanimes pour repousser l'application du libre-échange direct ou indirect.

On n'a pas oublié de quelle manière le corps législatif avait accueilli, en 1856, le projet de loi relatif à la levée des prohibitions ; ce fut une opposition générale ; tous les membres nommés pour faire partie de la commision étaient hostiles au projet, et le Gouvernement se vit obligé de le retirer pour éviter un échec.

Faut-il pour parler de faits plus récents, citer les paroles que prononçait le rapporteur du projet de loi de douanes, au corps législatif, à la date du 14 mai 1859, c'est-à-dire huit mois à peine avant la conclusion du traité de commerce ?

« Quelle a été, disait le rapporteur, dans ce remarquable travail, quelle a été notre règle de conduite dans l'examen auquel nous nous sommes livrés? cette règle, nous n'avons pas eu besoin de faire de grands efforts, d'engager de longues discussions pour la découvrir. Il nous a suffi de nous reporter au principe qui régit tout notre système économique et auquel les gouvernements si divers qui se sont succédés depuis 1789 se sont tous ralliés sans exception aucune. Vous avez compris que nous voulions parler du principe de la protection.

» N'est-ce pas, en effet, Messieurs, un fait bien digne d'être remarqué, que cette persistance du système protecteur au milieu de tant de changements politiques, au milieu de tant de révolutions ?

» Remis en vigueur et approprié à notre société nouvelle par Napoléon Ier, il a été conservé par le gouvernement de la Restauration, par le gouvernement de Juillet et même par celui de la République de 1848. Quel argument plus puissant pourrait-on invoquer en sa faveur ? Quelle meilleure réponse pourrait-on faire à ceux qui ont essayé de l'attaquer comme constituant des priviléges, des monopoles ? Quand un système économique résiste à de pareilles épreuves, quand il reste debout sur des régimes d'origine si différente, c'est seulement parce qu'il répond aux besoins généraux et permanents du pays.

» Le gouvernement actuel ne pouvait pas abandonner un système qui passe, à juste titre, pour une
des plus belles créations Napoléoniennes. Appelé
en deux circonstances à faire sa profession de foi,
en 1851, devant l'assemblée nationale, par l'organe
de M. Fould, ministre des finances; en 1854, devant
le Corps législatif, par l'organe de M. le Président
du Conseil d'Etat, il n'a pas laissé subsister le
moindre doute sur les principes qui le dirigent. Il a
déclaré, et nous sommes heureux de rappeler ses
paroles, que *la politique commerciale de la France
était fermement protectrice, que le principe protecteur
devait être fermement maintenu.* »

Pourquoi donc, en effet, changerions-nous de
système? Est-ce que nous avons à nous plaindre
des résultats qu'il nous a donnés ? Est-ce que nous
n'avons pas vu, sous son influence tutélaire, la production nationale prendre les développements les
plus magnifiques, l'agriculture pourvoir largement
à l'alimentation du pays, l'industrie manufacturière
perfectionner incessamment ses moyens de fabrication et abaisser de plus en plus le prix de ses produits, le commerce extérieur atteindre des proportions telles que le mouvement total de nos échanges

avec l'étranger représente aujourd'hui un chiffre quadruple de ce qu'il était il y a trente ou quarante ans? Qui donc pourrait songer à détruire un système qui a doté la France d'une semblable prospérité ! »

L'honorable rapporteur au Corps législatif concluait en conséquence de la manière suivante :

» *Nous continuerons donc à protéger efficacement le travail national et si nous avons cru devoir insister sur ce point, c'est qu'il nous a paru nécessaire que le Corps législatif profitât de l'occasion que lui offrait un projet de loi sur les douanes pour manifester d'une manière non équivoque son attachement au système économique à la faveur duquel la production française a grandi et prospéré.*

» *Nous devions cette déclaration à la France agricole et industrielle, que certaines mesures exploitées par les partisans du libre commerce avaient pu inquiéter.* »

Le Sénat pensait-il, sur ce point, autrement que le Corps législatif ? Pas le moins du monde. Le

Sénat n'était pas moins attaché au principe d'une sage protection, et il n'avait pas hésité à le manifester clairement toutes les fois que l'occasion s'en était présentée.

Nous avons rappelé plus haut le langage de M. Troplong, dans son rapport sur le sénatus-consulte du 26 décembre 1852. Certes, il est impossible de témoigner plus d'éloignement pour le libre échange et « pour ces théories d'autant plus funestes qu'elles sont plus séduisantes. » Si l'on veut relire la discussion qui suivit ce rapport, on verra que cette discussion fut tout-à-fait conforme à l'esprit qui l'avait dicté. Le Sénat avait ressenti de légitimes appréhensions sur la situation que le sénatus-consulte allait faire à l'industrie, et s'il le vota sous l'influence de considérations politiques que nous n'avons pas à examiner ici, ce fut, en renouvelant, par la bouche de presque tous les orateurs, les conseils que le rapporteur avait donnés lui-même pour éviter les dangers d'un traité de commerce fait sans préparation et sans enquêtes suffisantes.

Mais le Sénat avait donné plus récemment encore les preuves de son attachement au système qui

protégeait la production nationale dans ses différentes branches.

En 1859, de nombreuses pétitions lui ayant été
adressées pour réclamer le rétablissement de la loi
sur les céréales suspendue par décret pendant la
disette, M. le baron Charles Dupin, rapporteur, les
appuya de la manière la plus énergique et proposa
au Sénat, pour manifester plus solennellement son
opinion, d'en prononcer le renvoi à cinq ministres,
savoir : « A M. le Ministre du commerce parce que
ce ministre est en même temps celui de l'agriculture et qu'il doit chérir au même titre ces deux ma-
melles de l'État ; à M. le Ministre de la guerre,
parce qu'en France la guerre a pour bras droit l'a-
griculture, et qu'en défendant le travail du sol, il
défendra la force du pays ; à M. le Ministre de la
marine, pour qu'il nous dise quels périls, en cas de
lutte sur les mers, pourrait courir l'approvisionne-
ment d'un quart ou d'un tiers de la France en blés
étrangers, si l'avenir les substituait à nos cultures
déprotégées, et découragées ; à M. le Ministre de
l'intérieur, parce que la sûreté, la sécurité, les af-
fections de l'agriculture, c'est la puissance et la
garantie du trône, c'est la France et sa vie ; à M. le

Ministre des finances, l'ami nécessaire de l'agriculture et des impôts, qu'elle paye si bien quand elle
est heureuse et même aujourd'hui malgré ses souf-
frances, à lui, pour qu'il continue à défendre la
source première et principale de tous les revenus et
cette immense légion qui s'appelle en France 25
millions d'hommes, de femmes et d'enfants dissé-
minés dans nos campagnes. »

Le Sénat comprit l'importance de la manifestation qui lui était proposée, il s'y associa complètement et, dans la séance du 12 mars 1859, il prononça le renvoi aux cinq ministres, à l'énorme majorité de 110 voix contre 3.

Dans la même session, six mois seulement avant
la conclusion du traité de commerce, le Sénat donnait encore une nouvelle consécration à ce vote. Il
s'agissait de la loi relative aux douanes, et voici
comment s'exprimait le rapporteur, M. Lefebvre-
Duruflé, le 6 juin 1859 :

« Messieurs les sénateurs, disait-il, constants et
inébranlables protecteurs du travail national, qui
touche par tant de points et à la prospérité publi-

que et à la défense du territoire, ces deux grands intérêts spécialement confiés par la Constitution à votre vigilance, il est naturel que vous soumettiez au plus scrupuleux examen les lois relatives aux douanes. Mieux que personne, vous comprenez ce que l'abaissement ou l'élévation des produits peuvent causer de variations et de trouble dans la propriété commerciale et industrielle... »

Après avoir établi qu'un peuple qui veut rester grand et puissant, doit chercher, autant qu'il le peut, à posséder et à produire par soi-même les principaux éléments de sa force et de sa vitalité, M. Lefebvre-Duruflé ajoutait :

« Déjà deux fois, Messieurs les sénateurs, vous avez eu l'occasion de vous occuper des lois de douanes.....

» Dans ces deux circonstances, les habiles et compétents rapporteurs, qui furent les organes de vos commissions, ont insisté sur les principes dont nous avons cru devoir renouveler ici l'exposé, et *qu'il nous a paru bon de confirmer par une profession de foi sans réserve et sans ambage.* »

Enfin, M. Lefebvre-Duruflé, se plaignant, au nom de la commission, de l'abus des décrets rendus en matières de douanes, terminait son rapport par les paroles suivantes :

« Nous préférons nous en fier entièrement, pour faire disparaître ces dernières traces d'irrégularité, à la franche et loyale assurance donnée à votre commission, dans la personne de son rapporteur, par M. le ministre de l'agriculture, du commerce et des travaux publics ; M. le Ministre nous a déclaré que le Gouvernement était dans la plus formelle intention de se conformer rigoureusement aux prescriptions de la loi de 1814, et que, pour lui-même, il s'attacherait dans ses mesures à réaliser le programme transmis du Gouvernement présidentiel au Gouvernement impérial, à savoir : que la politique de la France est fermement protectrice, et que le principe protecteur sera fermement maintenu.

» *Reposons-nous donc, Messieurs les sénateurs, avec confiance et gratitude, sur cette manifestation de principes, à l'ombre de laquelle notre pays saura conserver et sauvegarder le travail national... »*

On voit, par toutes *ces déclarations et professions de foi sans réserve et sans ambage*, que les motifs mis en avant par le *Morning-Post*, pour justifier la conclusion du traité de commerce, reposaient sur les fondements les plus sérieux; qu'il eût été complètement impossible d'accomplir une réforme libre-échangiste en France par les voies législatives; que la Chambre des députés et le Sénat avaient exprimé trop nettement leur opinion pour qu'on pût espérer jamais leur faire adopter un projet de ce ce genre; que, par conséquent, du moment où l'on était décidé à le réaliser malgré tout, on ne pouvait le faire, aux termes de la Constitution, que par un traité de commerce qui dispensait de la sanction de la Chambre des Députés du Sénat.

On comprend donc maintenant pourquoi le *Morning-Post*, qui ne ménage pas les paroles, a appelé ce traité *un coup d'État commercial*, et pourquoi, à ce propos, le *Times* nous félicitait ironiquement d'avoir des institutions qui nous permettaient de nous coucher protectionnistes et de nous réveiller libre-échangistes le lendemain matin.

Inutile de dire que nos libre-échangistes, qui entendent la liberté à leur manière, accueillirent ce coup d'État commercial avec non moins de satisfaction que les Anglais. L'esprit de secte est une bien belle chose. M. Saint-Marc-Girardin, dans sa remarquable brochure sur *les traités de commerce selon la Constitution de* 1852, raconte qu'un libre-échangiste, célèbre et brillant partout où l'on ne discute pas, s'étant avisé, ou ayant été avisé de cette façon de faire prévaloir sa doctrine sans la discuter, s'écria dans sa joie : « Nous les tenons ! » Il songeait à ses adversaires. Nous sommes tenus, il est vrai, ajoutait M. Saint-Marc-Girardin, mais nous ne sommes pas convaincus.

Nous devons toutefois, pour être justes, faire une exception en faveur d'un libre-échangiste qui siége à l'Académie des sciences morales et politiques, comme celui dont parlait M. Saint-Marc-Girardin. M. Léonce de Lavergne a exprimé le regret de voir les principes qu'il professait triompher de cette façon. « Fermement attaché aux principes de la liberté en économie comme en politique, écrivait-il dans *la Revue des Deux-Mondes*, nous n'en comprenons le triomphe que par la discussion. Tout ce qui tend à l'imposer par voie d'autorité nous paraît

contraire au principe même. Lorsque le *free trade*
l'a emporté en Angleterre, il n'a réussi que par la
puissance de l'opinion, après une série d'enquêtes
et de libres luttes qui ont fini par dégager la vérité.
Ses promoteurs n'ont jamais demandé à la reine
Victoria de décréter à elle seule cette innovation si
contestée. Eux-mêmes ne l'auraient point acceptée
de ses mains. »

M. Léonce de Lavergne, d'accord en cela avec
nous, faisait aussi remarquer combien il était dangereux d'opérer une semblable réforme, par voie
d'un traité de commerce, avec une nation étrangère
et spécialement avec l'Angleterre. « Quand une nation réforme chez elle ses tarifs, elle n'a de compte à
rendre qu'à elle-même ; elle peut, si elle s'aperçoit
qu'elle se trompe, revenir sur ses pas. Quand elle
s'est liée par un engagement bilatéral, elle ne le
peut plus. » L'industrie ne disait pas autre chose,
et nous avons dû, en présence des aberrations de
nos libre-échangistes officiels, enregistrer cette
opinion d'un libre-échangiste vraiment libéral et
de bonne foi.

Mais ce qui excitait surtout les réclamations de

l'industrie, c'était que, si l'on se passait de l'examen et du contrôle des pouvoirs législatifs, on ne peut pas du moins, avant de contracter un semblable engagement, fait une enquête préalable ; c'était que l'on n'eut pas même consulté les corps spéciaux chargés par nos lois de défendre les intérêts du commerce et des manufactures.

Ici encore on invoquait le rapport de M. Troplong : « Ne serait-il pas possible, disait ce rapport, de rétablir quelque chose d'analogue au conseil supérieur du commerce et des colonies, d'organiser des moyens d'instruction et d'enquête, d'instituer, à l'exemple de Colbert, des consultations officielles de ces commerçants éminents, qui surveillent avec intelligence la mobilité des faits industriels ? N'y aurait-il pas là des auxiliaires précieux pour la direction de l'agriculture et du commerce et pour l'administration des douanes ? Ne serait-ce pas des moyens excellents pour donner une entière sécurité aux établissements commerciaux et industriels, qui ont pris depuis trente ans un si heureux développement et qu'il faut toujours craindre d'alarmer ou de tenir en suspens ? Le célèbre traité de 1786 ne produisit des effets si désastreux,

sur certaines branches de l'industrie française, que
parce que le Gouvernement ne s'environna que de
lumières partielles, laissant à l'écart un grand
nombre des organes naturels du commerce et de la
fabrication. Le gouvernement de l'Empereur sait,
au reste, dans sa haute sagesse, que ces questions
sont hérissées de difficultés ; qu'on y marche à
côté de piéges adroits et de théories d'autant plus
funestes qu'elles sont plus séduisantes. On peut
se confier à sa prudence pour éviter les sur-
prises, les précipitations, les innovations hasar-
dées. »

Cette idée d'un conseil supérieur pour éclairer la
religion de l'Empereur sur les intérêts de notre
commerce, de notre industrie et de notre agriculture avait été fortement appuyée dans la discussion
qui avait eu lieu au Sénat. Le commissaire du
Gouvernement, M. Baroche, en avait reconnu l'importance, et il avait même ajouté « qu'au besoin,
aux termes de la Constitution, une proposition à ce
sujet pourrait émaner du Sénat lui-même, si le
Gouvernement, plus que qui que ce soit, jaloux de
recueillir la lumière sur les grands intérêts du
pays, pouvait perdre de vue les observations formu-

lées dans le rapport de la commission, et n'en pas
faire l'objet d'un sérieux examen. »

Si l'institution, telle que la comprenait M. Troplong, n'a pas été réalisée, cependant il avait été
établi, par un décret impérial de février 1853, un
Conseil supérieur du commerce, de l'agriculture et
de l'industrie. C'est ce conseil dont nous aurons à
nous occuper plus loin à propos des conventions
complémentaires du traité. Or, que dit le préambule
du décret impérial qui l'a institué ? Il est ainsi
concu :

« .... Considérant que l'article 3 du sénatus-consulte du 26 décembre 1852, nous confie la décision
souveraine de toutes les modifications apportées
aux tarifs des douanes par voie de traités interna-
tionaux ; qu'en conséquence, c'est un motif de plus
d'agir avec une extrême prudence dans des matières qui touchent aux intérêts vitaux de l'agriculture, de l'industrie et du commerce ; considérant
que la sécurité étant le premier de ces intérêts,
il importe que les questions économiques soient
examinées avec sagesse et maturité ; voulant profiter des lumières acquises par les hommes qui ont

2.

consacré leur temps à l'étude de ces questions ou à
la pratique des affaires agricoles, industrielles et
commerciales, avons décrété, etc., etc.

Ainsi un conseil supérieur du commerce avait été
fondé précisément pour préparer les traités de commerce, pour les examiner avec sagesse et maturité.

Mais il y avait des promesses encore plus précises
faites à l'industrie nationale, qu'on ne procéderait à
la réforme de notre législation douanière qu'après
une enquête préalable dans laquelle tous les intérêts seraient entendus.

Le rapport de M. le ministre du commerce à
l'empereur, en date du 22 juillet 1856, s'était exprimé de la manière suivante :

« Le projet de loi portant retrait des prohibitions
d'entrée inscrites au tarif des douanes, n'a pu être
décrété dans la session qui vient de finir.

» Cependant, certains représentants des principales industries intéressées dans les réformes pro-
posées ont élevé des réclamations et combattu les
appréciations, faites par votre Gouvernement, de

l'enquête permanente et centralisée par l'adminis-
ration sur toutes les questions de douanes. Ils ont
lemandé qu'il fut procédé à une enquête nouvelle et
spéciale sur leurs industries et sur le degré de pro-
ection dont elles auraient besoin pour se défendre
contre la concurrence étrangère. Le laps de temps qui
s'écoulera avant celui de la reprise des travaux du
Corps Législatif, permet de recueillir cette informa-
ion supplémentaire, qui, si elle n'a pas été jugée
ndispensable dans le principe, n'est pas moins
utile.

» Votre Majesté a donc décidé, sur ma proposi-
ion, que le vœu exprimé au nom de certaines
ndustries serait accueilli et m'a chargé de recher-
her le mode le meilleur de procéder à l'enquête
demandée.

» Quelle satisfaction plus complète pouvaient ré-
lamer tous les intérêts légitimes... »

La note insérée dans le *Moniteur* du 17 oc-
obre 1856, pour annoncer l'ajournement de la levée
es prohibitions jusqu'au 1er juillet 1861, déclara
e nouveau : « que le Gouvernement, voulant s'en-

tourer de toutes les lumières, avait décidé qu'une enquête serait ouverte sur ces questions. »

Enfin, la même promesse fut encore renouvelée dans la lettre adressée par M. le Ministre du commerce, le 11 mai 1859, à la chambre de commerce de Lille pour lui faire savoir que la date du 1ᵉʳ juillet 1861 se trouvait modifiée par les événements. Ici il faut citer :

« Le Gouvernement, disait M. le Ministre du commerce dans cette lettre, avait l'intention de commencer vers le mois d'octobre prochain l'enquête par l'examen des produits, à l'égard desquels le projet de lever la prohibition semble ne devoir soulever aucune contestation sérieuse : ces produits sont au nombre de dix-sept. A la suite de cette enquête, c'est-à-dire en 1860, le Corps Législatif aurait été saisi du projet de loi spécial à ces divers produits. Pendant la même année, on aurait procédé à l'enquête relative aux articles plus vivement contestés qui, vous le savez, comprennent les industries textiles, de telle sorte que, pour celles-ci, le projet de loi pût être présenté en 1861.

» Mais le Gouvernement reconnaît sans difficulté, que les complications récentes de la politique extérieure rendent inopportune l'étude de cette réforme douanière ; il est naturellement amené à ajourner l'enquête, et par cela même la *solution de la question du retrait des prohibitions.* Le programme que l'administration s'était tracé et la date de Juillet 1861 qu'elle avait fixée, se trouvent donc modifiés par les événements. »

Enfin, un mois juste avant la conclusion du traité de commerce, le 22 décembre 1859, un journal semi-officiel, *le Constitutionnel*, qui depuis..... rassurait l'industrie dans les termes qui suivent :

« Ce qui doit rassurer complétement l'industrie, c'est la promesse faite par le Gouvernement, à plusieurs reprises, de procéder avant de rien formuler, à une enquête préalable qui fournisse les moyens de constater d'une manière précise le degré de protection réellement nécessaire à nos diverses industries. Le *Moniteur* a fait·des déclarations expresses en ce sens. M. le Ministre de l'agriculture les a encore renouvelées dans la lettre que nous avons citée plus haut. Nos industries sont donc assurées de n'être pas prises à l'improviste. Il y aura une enquête dans laquelle tous les délégués seront entendus. »

Ainsi la promesse avait été faite et renouvelée, suivant les expressions du *Constitutionnel*, que la question ne serait pas tranchée sans qu'une enquête préalable eût permis d'entendre les représentants de l'industrie nationale.

Qu'était-il advenu de toutes ses promesses ? on sembla n'y avoir même pas pensé. Non-seulement on ne fit pas d'enquête ; mais on n'appela à prendre part aux négociations, on ne consulta aucun des directeurs compétents de l'administration française, ni M. Gréterin, directeur-général des douanes au ministère des finances, ni M. Fleury, directeur du commerce intérieur au ministère du commerce, ni M. de Lesseps, directeur de la division commerciale au ministère des affaires étrangères. On ne pouvait sans doute contester leur expérience et leurs lumières ; mais peut-être craignait-on de rencontrer des résistances de leur part. Ce qu'il y a de certain, c'est qu'à la suite de la conclusion du traité de commerce, ils ont été successivement éloignés des postes qu'ils occupaient depuis longues années, M. Gréterin et M. de Lesseps pour aller siéger au Sénat, M. Fleury pour prendre tout sèchement sa retraite. Ce n'étaient plus les hommes de la situation.

Les négociations avaient d'ailleurs été environnées du secret le plus profond. Tout paraît s'être passé entre M. Rouher, ministre du commerce, et M. Baroche, ministre des affaires étrangères, par intérim, d'une part; lord Cowley, ambassadeur d'Angleterre, et le célèbre promoteur du libre-échange, M. Cobden, d'autre part. Il convient toutefois d'y joindre M. Michel-Chevalier, conseiller d'État, chargé, dit-on, d'assister M. Cobden, quoique ce dernier parle très-couramment le français.

Comment, en présence de ces faits, repousser les souvenirs du traité de 1786 qui se présentent tout naturellement à l'esprit! « Le célèbre traité de 1786, disait M. Troplong, dont nous devons rappeler encore ici les paroles déjà citées plus haut, ne produisit des effets si désastreux sur certaines branches de l'industrie française, que parce que le Gouvernement ne s'environna que de lumières partielles, laissant à l'écart un grand nombre des organes naturels du commerce et de la fabrication. » Et cependant M. de Calonne s'était adressé à l'administrateur qui était placé à la tête de ce qu'on appelait le commissariat du commerce, à Boyetet, le même qui nous a laissé quelques renseignements sur ces négociations. Il est vrai qu'on n'écouta guère ses avis, qu'on lui refusa de consulter les chambres de commerce, et qu'on lui adjoignit l'économiste Dupont (de Nemours), qui joua le rôle prépondérant et qui fut le véritable auteur du traité. Mais toujours est-il qu'à la différence même de ce qui se passa en 1786, nous n'avons pas eu de Boyetet, et que nous n'avons eu qu'un Dupont (de Nemours).

Ainsi fut négocié dans le plus profond mystère, en dehors de tout contrôle et de toute information, en dehors même des administrateurs compétents, ce nouveau traité de commerce, dont l'existence nous fut révélée par les journaux anglais et que les réclamations tardives des centres industriels ne purent empêcher. Conclu le 22 janvier, les ratifications en furent échangées à Paris le 4 février.

On vit alors un assez singulier spectacle. La

France était engagée ; mais l'Angleterre ne l'était pas. « Les arrangements stipulés, disait lord Palmerston à la Chambre des communes, sont purement conditionnels, ils auront besoin de la sanction du parlement. A moins que nous n'ayons la sanction des deux Chambres, nous sommes libres de tout engagement avec la France. » Et, en effet, le Parlement anglais put se livrer tout à son aise à l'examen du traité, tandis que nous n'avions plus même le droit d'observation sur cet acte rédigé à huis-clos.

Inutile de rappeler avec quel enthousiasme l'annonce du traité de commerce était saluée en Angleterre. C'était la contre-partie exacte du sentiment pénible avec lequel il fut accueilli en France. Le *Times* s'écria que, par cette mesure, Napoléon III s'était dépassé lui-même, et que, de toutes les phases de sa carrière miraculeuse, celle-ci méritait le plus d'éloges. Le *Morning-Post* déclara également que la nouvelle mesure était la plus courageuse de toutes celles qui avaient été prises jusqu'ici par Napoléon ; car, disait-il, braver les protectionnistes français, demande plus de courage que de livrer la bataille de Solférino ; rapprochement ingénieux et de bon goût qui assimilait les industriels français aux Autrichiens.

Il y eut toutefois dans la façon dont la nouvelle fut donnée par le *Morning-Post*, certaines indications qui ne manquèrent pas d'être recueillies. L'alliance avec l'Angleterre, ajoutait le journal de *Lord Palmerston*, en reçoit une force nouvelle que démontrera bientôt l'arrangement fait en commun de la question de l'Italie centrale. Ainsi il ne s'agissait pas seulement d'une œuvre purement commerciale, il s'agissait de payer le concours de l'Angleterre dans cette question d'Italie qui prenait des proportions formidables et qui menaçait d'allumer la guerre dans toute l'Europe; c'était notre industrie qui devait supporter les frais de l'arrangement.

Nous ne rapporterons pas les discussions auxquelles le traité donna lieu de l'autre côté du détroit. Après les premiers cris de satisfaction qu'avait arrachés la nouvelle du traité de commerce, l'Angleterre avait senti la nécessité de modérer l'expansion de sa joie. On connaît le mot d'un diplomate célèbre : Défiez-vous du premier mouvement, c'est le bon. En conséquence, l'Angleterre mit une sourdine à l'expression de son allégresse. On se fit habile, on joua une espèce d'hésitation, et l'on afficha même de se montrer peu satisfait des conditions. C'est le *Times*, ce protée de la presse anglaise, qui se chargea du principal rôle de la comédie qu'on allait jouer. Tout s'était passé d'une manière analogue en 1786; alors aussi, quand vint la discussion du traité signé par M. Eden, on simula le mécontentement; on trouva qu'on faisait trop belle part à la France, et l'on eut l'air d'hésiter à le sanctionner; mais toute cette mise en scène n'empêcha pas que le traité ne fût voté à une immense majorité. Il en fut de même en 1860.

Qu'avait dit Pitt en 1786 à l'appui du traité? « Ce traité procurera sans doute aux Français des avantages; il serait ridicule d'imaginer qu'ils voulussent consentir à nous faire des concessions sans aucune idée de retour; cependant, je n'hésite pas à déclarer fermement, et tandis que l'affaire est encore pendante, que quoique avantageux à la France, ce traité le sera bien plus à l'Angleterre. Cette assertion n'est pas difficile à justifier. La France acquiert un marché de 8 millions d'âmes, nous un marché de 24 millions; la France, pour des produits à la préparation desquels concourent un petit nombre de mains, qui encouragent peu la navigation, et ne rapportent pas grand'chose au revenu de l'État; nous, pour nos manufactures qui occupent plusieurs centaines de mille hommes, qui, en tirant de toutes les parties du monde les matières qu'elles emploient, agrandissent notre puissance maritime et rapportent à l'État des contributions considérables. La France ne gagnera pas un accroissement de 10,000 livres sterling, l'Angleterre gagnera infailliblement dix fois autant. Ainsi, bien que le traité puisse être profitable à la France, nos bénéfices seront en comparaison si supérieurs que nous ne devons pas avoir de scrupule de lui accorder quelques avantages. . . . . Il est dans la nature essentielle d'un arrangement conclu entre un pays manufacturier et un pays doté de productions spéciales que l'avantage soit en faveur du premier. »

Remarquons, en passant, que J.-B. Say, dont l'opinion ne doit pas être suspecte dans cette occasion, reconnaît, en effet, dans son cours d'économie politique, que le traité de 1786 devait nécessairement nous être défavorable, parce qu'on vendra toujours beaucoup plus d'objets de consommation courante que d'objets de luxe, plus de choux que d'ananas, plus de chandeliers que de lustres, plus de faïences communes que de porcelaines de Sèvres, plus de cotonnades que de châles de cachemire.

M. Gladstone n'a pas eu plus de peine à faire adopter le traité de 1860, que M. Pitt n'en avait eu à faire sanctionner celui de 1786. Nous dirons même que la tâche était plus facile. En effet, les résultats du premier traité montraient assez ce que l'Angleterre devait attendre du second. On retrouve, d'ailleurs, sauf les modifications nécessitées par les circonstances, à peu près les mêmes arguments dans l'exposé de M. Gladstone que dans le discours de M. Pitt.

M. Gladstone s'est exprimé ainsi: « Nous n'avons rien donné à la France par ce traité, si j'en excepte quelques légers sacrifices fiscaux que nous avons à faire relativement à un seul article, l'eau-de-vie. Je veux dire qu'il pourrait n'être pas nécessaire de réduire le droit à un point tout aussi bas que nous le faisons (on sait que ce droit a été relevé depuis

l'exposé de M. Gladstone) ; mais, à part cette exception infime et solitaire, nous n'avons rien donné à
la France par ce traité que nous ne nous fussions
donné à nous-mêmes d'une main aussi libérale. »

Plus loin, M. Gladstone faisait ressortir tout ce
que l'Angleterre devait gagner au traité pour le
placement de ses produits manufacturés, et il ajoutait : « Ce que nous avons fait est bon, bon pour
nous, quand même la France n'eût rien fait, dou-
blement bon parce que la France a beaucoup fait. »

M. Bright fut encore plus explicite que ne pouvait l'être M. Gladstone.

« On a prétendu, disait M. Bright dans la séance
du 24 février, que nous accordions plus que nous
ne recevions ; c'est précisément le contraire qui est
vrai. Lorsqu'on met les concessions réciproques
dans la balance, il devient de la dernière évidence
que la France nous en fait *au moins cinq fois plus*
que nous ne lui en rendons. Si l'honorable membre auquel je réponds était Français, il serait véritablement *effrayé* de la liste des articles sur lesquels
portent ces concessions de la part de la France. Ce

sont les métaux de toutes sortes que nous exportons annuellement pour une valeur de 17 *millions
sterling* (425 *millions de francs*); les machines, qui
représentent dans nos exportations 4 *millions sterling* (100 *millions*); le coton filé, 9 *millions et demi
sterling* (237 *millions*); les tissus de coton, 37 *millions sterling* (*neuf cent vingt-cinq millions*); les fils
et tissus de lin et chanvre, 5 *millions* 900 *mille
livres sterling* (147 millions); les fils et tissus de
laine, 15 *millions sterling* (375 *millions*; la faïence,
1 *million* 250 *mille livres sterling* (31 *millions*). L'ensemble des exportations de ces articles seuls s'élève
à la somme énorme de 93 *millions sterling* (*deux
milliards trois cent soixante-quinze millions*. Du
moment où la France substitue à la prohibition
presque absolue de ces divers objets des droits qui,
suivant toute apparence, leur permettront de péné-
trer *largement* sur son marché, l'honorable représentant du Warkich-Shire est trop franc, trop
honnête, trop intelligent pour soutenir *que le vin,
l'eau-de-vie et la soie puissent contrebalancer les
onze articles* que je viens d'énumérer.

« Quand la convention relative à la conversion
des droits *ad valorem* en droits *spécifiques* sera con-

elue, j'ai la certitude (et cela sous la garantie des hommes les plus compétents), *que quels que soient les avantages que paraît nous assurer aujourd'hui le traité, le résultat dans l'application sera encore bien meilleur que le traité.* »

Après ces paroles, tout semblant d'opposition devait disparaître, et lord Palmerston put clore les débats en déclarant que, si la Chambre des communes repoussait ce traité si avantageux, « elle encourait une responsabilité qu'après réflexion tout homme participant à un pareil résultat ne tarderait pas à déplorer. »

Une majorité de 116 voix témoigna des véritables sentiments de nos voisins sur le traité. Le *Times*, pensant ne plus avoir rien à dissimuler, entonna un nouveau chant de triomphe en déclarant que c'était maintenant à l'Angleterre à nous fournir la houille et le fer, à couvrir nos tables de ses poteries, à nous habiller de ses tissus. Le journal de la Cité ne craignit même pas d'y mettre de l'ironie. « Qui n'a eu pitié, s'écriait-il, de nos infortunés voisins, contraints de se servir de couteaux français et de ciseaux français ! la bonne aubaine pour les couteliers du Sheffield ! » Enfin, disait le *Times* en terminant, « il n'y a pas une branche de nos manufactures qui ne doive recevoir des nouveaux tarifs un élan vigoureux (impétueux). » Il est vrai que le journal de la Cité devait changer encore une fois de langage lorsque l'on s'occuperait des conventions complémentaires; il devait reprendre le ton mécontent ; il devait de nouveau présenter les intérêts de l'Angleterre comme sacrifiés, mais il avait dû donner satisfaction à l'enthousiasme que l'adoption du traité venait de raviver de l'autre côté du détroit. On sait que le *Times* excelle à rendre et à flatter les sentiments ou les passions du moment.

L'Angleterre s'empressa d'ailleurs de manifester sa reconnaissance envers M. Cobden, le principal auteur du traité. La Chambre de commerce de Manchester lui vota des remerciements. La Cité de Londres lui décerna le droit de bourgeoisie, et le corps municipal décida que le diplôme lui en serait remis dans une boîte en or du prix de 50 guinées. Mais la reconnaissance anglaise ne se borna pas à des remercîments en paroles et à de vains honneurs. Il paraît que M. Cobden, plus habile à gérer les affaires publiques que ses propres affaires,

3.

avait perdu ou compromis, dans des spéculations
sur les chemins de fer américains, le million que
l'association pour le rappel des lois céréales lui
avait octroyé, il y a une quinzaine d'années. On
s'empressa de lui venir en aide, et une nouvelle
souscription lui rendit le million qu'il avait perdu.
Personne, que nous sachions, n'a proposé, de ce
côté du détroit, d'en faire autant pour le collabora-
teur français de M. Cobden. Il est vrai que, si,
comme le disait le *Morning-Post*, le nombre de nos
libre-échangistes était tel qu'on pût facilement le
compter sur ses doigts, le chiffre de la souscription
française eût singulièrement contrasté avec celui
de la souscription britannique. C'eût été en quelque sorte la mesure de la popularité du traité de
commerce dans les deux pays.

Le traité une fois adopté par le Parlement anglais, il n'avait plus d'épreuves à subir chez nous;
il fut promulgué par décret impérial le 10 mars
1860.

Un des journaux du Gouvernement, *le Pays*,
avait fait une remarque assez bizarre lors de la
présentation du traité au Parlement anglais : c'é-

tait que M. Gladstone avait porté le traité de 1860 à la Chambre des communes précisément le même mois et le même jour, où, soixante-treize ans auparavant, M. Pitt était venu lui soumettre le traité de 1786. Puisse le second traité, pour rendre rapprochement plus complet, ne pas produire les mêmes conséquences que le premier !

INTERPRÉTATION DU TRAITÉ

Le traité de commerce une fois promulgué, il ne restait plus d'autre parti à prendre que de chercher à l'interpréter et à en tirer le meilleur parti possible dans l'intérêt de la production nationale. Il semblait que, dans cette circonstance, l'industrie dût compter sur le concours et sur les sympathies du Gouvernement. Le traité, en effet, était un contrat bilatéral dans lequel les deux pays avaient stipulé les concessions qu'ils entendaient réciproquement se faire. Quoi de plus naturel, dès-lors, que notre Gouvernement, se plaçant au point de vue français, prêtât son appui aux réclamations légitimes de notre industrie pour qu'on n'étendît pas les conditions du traité à sa charge, pour qu'on les circonscrivît dans les limites des termes posés par le texte même de la Convention.

Ici encore, nous devons le dire, de nouvelles déceptions nous attendaient.

Le rapport à l'Empereur, qui accompagnait le traité de commerce, et qui était signé de MM. Rouher et Baroche, commença à révéler les dispositions que l'industrie allait rencontrer parmi ceux qui semblaient devoir être désormais ses défenseurs naturels.

Ce n'est pas, en effet, sans une impression pénible qu'elle put lire certains passages de ce rapport. On ne pouvait certainement s'étonner qu'elle fut vivement émue et préoccupée des changements radicaux qui venaient d'être décrétés dans le système économique auquel elle avait été soumise jusqu'à ce jour. C'est toujours une chose grave, pour l'industrie d'un pays, disait l'exposé des motifs du projet de loi de 1856, que le passage de la prohibition absolue à un régime de liberté même restreinte. Cela était encore plus vrai dans les circonstances présentes, puisqu'il ne s'agissait pas seulement d'une loi de douanes susceptible de modifications, mais d'un traité de commerce qui nous liait pendant dix ans. Or, était-il bien opportun, était-il d'une bonne politique, au moment où l'on annonçait à l'industrie nationale une révolution aussi profonde dans ses conditions d'existence, de prononcer des paroles qui pouvaient ajouter encore à ses découragements?

À quoi bon, nous le demandons, à quoi bon ces accusations d'*égoïsme* lancées à plusieurs reprises contre l'industrie et les industriels, parce qu'ils avaient cru devoir présenter au Gouvernement l'expression des craintes qu'ils ressentaient sur les conséquences des nouvelles mesures ? Il n'est malheureusement que trop facile d'abuser de ce mot d'égoïsme. Il n'y a pas d'intérêt et d'intérêt légitime, qu'on ne puisse, par cela seul qu'il est un intérêt, accabler de cette qualification méprisante. Nous nous souvenons de l'avoir entendu prodiguer bien souvent en 1848, alors qu'on se plaignait de la tyrannie du capital et qu'on attaquait même le principe de la propriété. Dieu sait où l'on nous aurait conduit avec ces accusations, si l'on eût laissé faire la démagogie socialiste qui prétendait renverser ce qu'elle appelait la règle de l'égoïsme pour y substituer celui de la fraternité ! Avons-nous besoin de dire que les intérêts, quand ce sont ceux de l'agriculture et de l'industrie, ne sont plus simplement des intérêts privés, qu'ils s'appellent l'intérêt général, et qu'ils constituent la richesse et la puissance d'un pays ?

L'industrie nationale ne fut pas moins froissée en voyant reparaître dans un rapport officiel cette vieille assertion du libre-échange, consistant à présenter les droits protecteurs comme des impôts prélevés par les manufacturiers sur les consommateurs. Comment n'a-t-on pas reculé devant ces imputations qui avaient été réfutées mille et mille fois, non pas seulement par les protectionnistes, mais par les économistes eux-mêmes. J.-B. Say, pour citer le plus illustre d'entre eux, n'a-t-il pas reconnu qu'une industrie protégée par des tarifs ne pouvait donner des profits plus grands qu'une autre, parce que la concurence intérieure se chargeait de les ramener au taux des profits moyens ? Ce sont là des notions élémentaires, et, pour peu qu'on eût voulu se donner la peine de réfléchir, on se serait gardé d'emprunter de semblables déclamations au vocabulaire du libre-échange.

Il est certain que ces accusations, produites dans

un document aussi important, tendaient à imprimer aux paroles et aux actes du Gouvernement un caractère, qu'ont eût dû s'attacher, au contraire, à ne pas leur donner. On ne pouvait se dissimuler que l'industrie était vivement alarmée. Or, ce n'était pas avec un langage de ce genre, qu'on pouvait calmer ses inquiétudes, lui rendre de la confiance et du courage. La bonne politique, d'accord avec le bon goût, conseillait de montrer plus de sollicitude et de sympathie pour ceux qu'on allait soumettre à une aussi chanceuse expérimentation.

Il est vrai que pour leur donner confiance, on avait imaginé un singulier moyen, c'était de réhabiliter le traité de 1786. On prétendit que le traité de 1786 avait été calomnié, qu'il y avait des circonstances qui militaient en faveur de ceux qui l'avaient signé ; que c'était un point d'histoire sur lequel il n'y avait pas à revenir, et que, d'ailleurs, comparer le traité de 1786 et celui de 1860, c'était méconnaître les temps, les conditions et les faits. Ce n'était pas ainsi que M. le président Troplong s'exprimait sur le compte du traité de 1786, lorsqu'il parlait de ses *effets désastreux*, et qu'il le citait comme un exemple du mal que peut produire un traité de commerce irréfléchi et conclu sans consulter les organes naturels du commerce et de la fabrication.

Malheureusement, tout ne devait pas se passer en paroles, et, quand le moment vint de s'expliquer sur l'application du traité, l'industrie eut la douleur d'apprendre que le Gouvernement français entendait lui donner une portée plus grande que celle qui semblait résulter du texte même de la convention.

Déjà l'industrie, qui avait cru à des droits de 30 et 25 p. 100, avait éprouvé un cruel désappointement, lorsque, dans ce rapport des plénipotentiaires, elle avait lu la phrase suivante : « Nous n'hésitons pas à dire dès l'abord, que, pour le plus grand nombre des articles énumérés dans le traité, l'application de ces limites maxima serait absolument inutile, stériliserait les pensées de réforme proclamées par Votre Majesté, et substituerait à la levée des prohibitions des droits protecteurs qui n'en seraient que la puérile synonymie. »

Notez que les droits, qui avaient été proposés dans le projet de loi de 1856, sur la levée des prohibitions, montaient à 30, 35 et même 40 p. 100 ; mais on avait fait du chemin depuis 1856, et, du moment que l'on croyait pouvoir se passer du concours des Chambres, on se donnait pleine carrière sans se gêner.

Ici toutefois se présentait une grave question : Quels étaient, en réalité, les engagements contractés par la France dans le traité de commerce qui venait d'être signé ?

Le traité disait, dans son article 1er, que le Gouvernement français s'obligeait à admettre les objets d'origine et de manufacture britanniques, moyennant un droit qui ne devait, dans aucun cas, dépasser 30 p. c. de la valeur.

En son article 4, il réglait le mode de détermination des droits *ad valorum*.

L'article 13 portait ensuite : que les droits *ad valorem*, établis dans la limite fixée par les articles précédents, seraient convertis en droits spécifiques par une convention complémentaire qui devait intervenir avant le 1er juillet 1860, et que l'on prendrait pour base de cette conversion les prix moyens pendant les 6 mois qui avaient précédé la date du présent traité.

Là se trouvaient exprimés les engagements consentis par le Gouvernement français, au point de vue de la quotité des tarifs. Ils se résumaient dans l'obligation d'admettre les objets d'origine et de manufactures britanniques moyennant un droit qui ne devait, dans aucun cas, dépasser 30 p. c. de la valeur, et plus tard 25 p. c. Les autres dispositions réglaient le mode de détermination des droits *ad valorem* et de conversion de ces droits en droits spécifiques; mais ce n'étaient là que les moyens de mettre en pratique les conditions posées en principe dans l'article 1er.

Ce qui, dès-lors, semblait incontestable, c'était que la France n'était pas, par le traité de commerce, tenue envers l'Angleterre à admettre un seul des objets dénommés en l'article 1er moyennant un droit inférieur à 30 p. c.

Que la France fixât sur tous ces articles en masse, et d'un seul trait de plume, les droits à 30 p. c. invariablement, l'Angleterre n'aurait eu aucune réclamation à élever : la France aurait, quant à ce, rempli tous les engagements qu'elle eût contractés.

Les conventions ultérieures devaient, aux termes

du traité, se borner uniquement à convertir les droits *ad valorem* en droits spécifiques. Leur but était clairement défini et circonscrit par l'article 13. Il s'agissait seulement, le traité le disait d'une manière formelle, de donner la forme spécifique aux droits *ad valorem établis par les articles précédents.*

Ainsi le traité, tel qu'il avait été conclu et signé par les parties contractantes, était complet sous le rapport des engagements réciproques. La convention de transformation n'en devait être que l'application. Sous peine d'être léonine, elle ne devait rien stipuler comme charge gratuite, soit pour l'une, soit pour l'autre partie. Si nous faisions des concessions nouvelles, ce ne pouvait être qu'à condition que l'Angleterre nous en ferait également de nouvelles, et la convention complémentaire, au lieu de n'être qu'un convention de transformation des droits, serait devenue alors un nouveau traité de commerce.

L'engagement de la France se réduisait donc aux limites de 30 et de 25 p. c. posées par le traité. Sans doute la France pouvait, si elle le voulait, en agissant dans la plénitude de sa volonté et en s'inspi-

rant de ses intérêts propres, abaisser les droits à un
taux inférieur à 30 p. c. ; mais cet abaissement
était et devait rester alors un fait purement national, un fait dégagé de tout lien international.

D'où cette conclusion : que toutes les réductions
de droits au-dessous des limites fixées par le traité,
30 et 25 p. c., rentraient naturellement sous les
conditions ordinaires des lois de douanes et devaient être délibérées dans les formes prévues par
la Constitution.

Cette interprétation du traité était si naturelle,
que des journaux anglais, dont on ne saurait sus-
pecter l'opinion en cette circonstance, la compri-
rent exactement comme nous. Nous citerons notamment l'opinion du *Daily-News* qui avait plus d'importance, en raison des relations bien connues de ce
journal avec lord John Russell. Voici comment
s'exprimait le *Daily-News* dans son numéro du 10
mai :

« Le principe essentiel découlant de l'article 13,
c'est avant tout que les produits anglais ne doivent
pas, à leur entrée en France, payer un droit plus
élevé que celui de 30 p. c. *ad valorem.* Dans plu-

sieurs circonstances, spécialement en ce qui regarde nos fabriques de cotonnades, ce droit serait un droit prohibitif, et l'intérêt du gouvernement français serait de n'établir qu'un droit de 10 p. c. *ad valorem*. Mais cela est complétement laissé à la décision du gouvernement impérial, et s'il préfère les intérêts des protectionnistes français aux intérêts du peuple français et à ceux du trésor, bien que nous puissions penser qu'il se trompe, il pourra en appeler aux termes du traité, qui seront sa justification, car ils lui permettront formellement et légalement de préférer les intérêts d'une classe à l'intérêt général et au bien-être de la nation. »

Ce qu'il y a de plus curieux, c'est que le journal, créé à la suite du traité de commerce, pour devenir l'organe officiel du libre-échange en France, l'*Avenir commercial* interprétait également le traité dans le même sens. Il disait dans son numéro du 27 mai :

« Les libre-échangistes n'ont jamais prétendu que le traité de commerce nous engage à abaisser les droits au-dessous de 30 p. c.

» Ce qu'ils ont prétendu, ce qu'ils prétendent encore, c'est qu'il est de l'intérêt de la France de réduire, de supprimer même, si cela se peut, les droits protecteurs.

» Il n'y a pas d'engagement au-dessous de 30 p. c., c'est vrai, mais il y a l'intérêt général du pays, qui quoique vous en disiez, demande que, pour le présent, les plus hauts droits ne dépassent pas *dix pour cent*, quitte à voir plus tard. »

L'*Avenir commercial* reconnaissait donc, comme le *Daily-News*, qu'il n'y avait pas pour la France d'engagement au-dessous de 30 p. c.; seulement, il avait tort d'avancer que : « les libre-échangistes n'avaient jamais prétendu le contraire. » Le *Journal des Débats*, qui a bien le droit de parler en leur nom, disait notamment dans le numéro du 11 mai, que, suivant lui, nous étions tenus d'abaisser l'immense majorité des droits au-dessous de 30 p. c. Quant à la question de savoir si l'intérêt général voulait que les plus hauts droits n'excédassent pas 10 p. c., ce ne pouvait être qu'une question de réglementation intérieure et il était permis de ne pas être du même avis que l'*Avenir commercial* et que le *Daily-News*.

Cependant, comme cette interprétation était contestée par quelques-uns de nos libre-échangistes, patriotes à leur manière, il devenait nécessaire de la tirer au clair, et c'est pour atteindre ce but qu'elle fut signalée et développée dans une pétition qu'un certain nombre de nos grands industriels adressa au Sénat et, qui, ayant été imprimée, fut distribuée au Corps législatif.

La commission du Corps législatif, chargée d'examiner le projet de loi relatif à la réduction des droits sur les matières premières, comprit toute l'importance de la question, et l'on aura une idée de ses dispositions par la citation suivante, empruntée au rapport :

« Qu'avons-nous promis? quelles sont les obligations que nous avons contractées avec l'Angleterre par le traité du 23 janvier? La France s'est engagée à recevoir les produits anglais moyennant des droits qui n'excéderont pas 30 p. c. et qui devront descendre à 25 p. c. en 1864. Elle a posé une limite maxima ; mais en dedans de cette limite, elle reste complètement maîtresse de la disposition de ses tarifs, et, à la rigueur, lors même qu'elle porterait uniformément les droits sur tous les articles à

30 p. c., elle aurait rempli ses engagements avec l'Angleterre. C'est donc la France, et la France seulement, qui doit régler les diminutions de tarifs qu'il peut convenir d'effectuer au-dessous de 30 p. c. Le Gouvernement anglais n'a rien à y voir. [Si, aux termes du traité de commerce, une convention complémentaire doit intervenir au mois de juillet, le but de cette convention complémentaire nous semble clairement défini. Il s'agit de la conversion des droits *ad valorem*, établis dans la limite fixée par le traité en droits spécifiques ; conversion qui doit s'effectuer d'après les prix moyens pendant les six mois qui ont précédé la conclusion du traité. Ainsi la convention a pour objet, non pas de fixer la quotité des droits *ad valorem*, mais simplement de convertir en droits spécifiques les droits *ad valorem* établis par la France dans la limite posée par le traité. Quant à la quotité de ces droits, il n'appartient qu'à la France de les fixer loyalement suivant ses intérêts, pourvu qu'elle n'excède pas le maximum de 30 p. c.

» Nous ne pourrions comprendre qu'il en soit autrement. Qu'a dû vouloir, en effet, le Gouvernement français en fixant le maximum de 30 p. c.? Il

4

a voulu évidemment conserver la faculté de se mouvoir dans cette limite, afin de pouvoir proportionner la protection aux besoins et aux nécessités de notre industrie nationale qui seraient reconnus par l'enquête. Or, comment pourrait-on supposer que l'Angleterre serait admise à discuter avec nous la force relative de telle ou telle branche de nos manufactures et le degré de protection dont elle peut avoir besoin ? Cela n'est pas possible. La commission internationale n'a qu'une mission et elle est tracée clairement dans le traité : c'est la conversion en droits spécifiques des droits établis par le Gouvernement français dans les limites posées par le traité...

» Puisque l'engagement de la France vis-à-vis de l'Angleterre consiste uniquement à admettre les objets d'origine britannique, moyennant un droit qui ne dépassera pas 30 p. c. de la valeur; puisqu'en dedans de la limite posée la France est complétement libre de se mouvoir et d'adopter les chiffres de protection qu'elle trouvera nécessaires et convenables, n'en résulte-t-il pas que la fixation des tarifs au-dessous de cette limite, n'étant plus une affaire de règlement international, mais de règlement tout intérieur, rentrerait alors sous les conditions ordinaires des lois de douanes, et devrait être, par conséquent, délibéré dans les formes voulues par la Constitution? Telle est la pensée de quelques membres de la commission, qui ont entrevu les plus graves dangers à s'incliner devant l'opinion émise par les organes du Gouvernement.

» D'ailleurs, votre commission est bien convaincue qu'il serait d'une bonne politique d'appeler le Corps législatif à s'associer, dans la mesure que comportent nos règles constitutionnelles, à la réforme que le Gouvernement s'est proposé d'opérer dans notre législation économique, de rassurer les intérêts qui peuvent se croire menacés, en leur donnant la garantie des formalités légales pour tout ce qui n'a pas été obligatoirement stipulé dans le traité, de leur inspirer plus de confiance dans l'avenir en soumettant les réductions de droits au-dessous des limites fixées, aux conditions normales qui président à la confection des lois.

» Cette manière de procéder nous semble la seule qui puisse permettre de rétablir l'ordre et l'harmonie dans notre code douanier. Les prohibitions n'ont été levées que sur les produits anglais ; elles ne l'ont pas été pour les autres provenances ; elles continuent de subsister à leur égard, et, à moins que le Gouvernement français contracte successivement des traités de commerce avec tous les peuples du globe, ce qui jetterait la confusion la plus inextricable dans notre législation douanière, il est indispensable de mettre notre tarif général des douanes en rapport avec les conditions du traité anglo-français. Ces modifications deviennent d'autant plus urgentes et impérieuses que les nations avec lesquelles nous n'avons pas conclu de traité vont profiter des conventions anglo-françaises pour introduire chez nous leurs produits par la voie d'Angleterre.

» Or, cette révision de notre tarif, en vue de la situation nouvelle qu'on a entendu inaugurer par le traité de commerce avec l'Angleterre, ne peut se faire sans le concours des pouvoirs législatifs. Quoi de plus rationnel, dès-lors, que de leur confier le règlement des tarifs des produits anglais dans les limites fixées par le traité, en même temps qu'on leur soumettra le règlement de notre tarif général,

mis en rapport avec ces nouveaux tarifs ? Il s'agit
bien evidemment d'une réforme dont les principes
se trouvent implicitement posés dans le traité, et
puisqu'elle ne peut s'effectuer sans le concours
du Corps législatif, il n'y a possibilité de le faire
convenablement et avec ensemble qu'en le saisissant
à la fois de toutes les questions relatives à l'établissement de notre nouveau code douanier. »

Comment ne pas être frappé de la justesse de ces
raisonnements ! Tout concourait donc à recomman-
der au gouvernement français de se renfermer avec
soin dans les engagements qu'il avait concractés,
de n'y rien ajouter à notre charge, et de n'établir
que sous forme de libres tarifs les abaissements de
droits qu'il voudrait faire au-dessous du maximum
stipulé. Mais on ne tarda pas à apprendre avec regret que cette interprétation, qui semblait jaillir des
termes mêmes du traité, n'était pas admise par le
gouvernement.

M. le président du Conseil d'État déclara à la
commission du Corps législatif et ensuite au Corps
législatif lui-même que les négociateurs entendaient
le traité tout autrement ; que le maximum n'avait

été fixé que pour ne pas retarder les négociations ;
que le Gouvernement se regardait comme obligé
d'admettre des délégués de l'Angleterre dans le sein
de la commission qui était appelée à discuter et à
fixer les conditions de protection de l'industrie française ; qu'en conséquence le Corps législatif ne serait
pas plus appelé à discuter les tarifs que s'ils avaient
fait partie du traité conclu par l'Empereur en vertu
de la prérogative qu'il tient de la Constitution.

Cette déclaration de M. le président du Conseil
d'État fut vivement combattue, au sein du Corps
législatif par plusieurs orateurs, notamment par
M. de Flavigny et par M. Plichon.

M. Plichon démontra de nouveau que le traité ne
contenait d'autres obligations à la charge de la
Francce que celle d'admettre les produits de l'industrie anglaise au droit maximum de 30 p. c. et
que la convention additionnelle qui devait déterminer la conversion en droits spécifiques des droits *ad
valorem* établis dans la limite fixée, ne pouvait tou-
cher au *quantum* même de ces droits.

« L'obligation pour la France, dit-il, de régler de
concert avec l'Angleterre, la limite de la protection

à accorder à chacune de nos industries, ne se
trouve nulle part. Or, une obligation de cette importance ne se suppose pas, et on n'y supplée pas
par une interprétation ; on l'écrit, quand elle a été
convenue ; et si elle avait existé, n'en doutez pas,
messieurs, les négociateurs anglais n'auraient pas
manqué d'en faire l'objet d'un article particulier ;
il n'est pas possible qu'un avantage aussi essentiel
ne soit point devenu de leur part l'objet d'une stipu-
lation positive...

» Les termes du traité protestent contre l'interprétation que M. le président du Conseil d'État lui
donne ; aucune disposition n'oblige la France à
aliéner, dans une convention, le droit de se mouvoir
comme elle l'entend, dans la limite maxima de 30
et de 25 p. c. Exécuter le traité comme M. le président du Conseil d'État l'indique, ce serait engager
la France dans une voie pleine de périls, fatale
peut-être, attentatoire certainemen aux prérogatives
du Corps législatif.

» La France, en réglant elle-même, dans la limite maxima du traité, les droits d'entrée sur les
divers produits étrangers, peut abaisser de 15 ou 10
p. c. ces droits sur certains articles, sans courir de

risques sérieux, car elle reste maîtresse de modifier ses décisions : elle peut relever ses tarifs, si
l'expérience lui révèle qu'elle s'est trompée. Elle
est, au contraire, liée d'une manière irrévocable, si
elle consacre une diminution quelconque, par un
acte dans lequel l'Angleterre aura été partie inter-
venante.

» Dans une matière où l'inconnu a une si grande
part, et peut avoir des conséquences si redoutables,
ce serait commettre la plus grande imprudence que
de s'engager, lorsque rien ne vous y oblige. »

Enfin, le rapporteur, M. Pouyer-Quertier revint
encore à la charge.

« Il n'est pas, dit-il, un de nos honorables collè-
gues qui ne connaisse le nom universel de Richard
Cobden, l'ancien filateur, tisseur ou imprimeur de
coton de Stayleybridge; il est encore aujourd'hui
l'âme de la ligue du *free trade* de Manchester organisée contre l'industrie du monde entier, pour la
plus grande prospérité de ses commettants du Lancashire et du Yorkshire. Vous connaissez cet
homme habile, à la façon de tribun; cet homme
payé par l'Angleterre pour travailler à l'absorption,

par elle, de tout ce qui fait la force et la vie des
autres peuples, cet homme qu'elle n'a pas assez ré-
compensé par les 100,000 livres sterling qu'elle lui
a données ; cet homme enfin, que de nouvelles cou-
ronnes civiques, entourées de nouveaux millions,
attendent à son retour, s'il réussit à faire triompher
ses doctrines dans ces négociations avec la France,
aussi bien au point de vue maritime que commercial.

» Je ne blâme pas les Anglais de payer un large
tribut de reconnaissance à l'homme énergique et
courageux qui consacre sa vie et son immense talent à étendre la richesse et la prépondérance de
son pays dans le monde ; mais je dis aussi que lorsque nos hommes d'État se sont trouvés en présence
de l'adresse toute britannique de Cobden, ils se
sont vus désarmés dans cette lutte par les connaissances spéciales de leur habile adversaire, et, sans
s'en douter, avec les meilleures intentions du monde,
ils ont peut-être livré à l'Angleterre l'avenir et la
fortune de la France.

» Je m'explique, Messieurs, quelles ont été les
intentions des négociateurs du traité dans cette

convention? Ils ont voulu, suivant les ordres et les
soins assidus du chef de l'État, sauvegarder l'existence et l'avenir de l'industrie française. L'empereur a pensé que 30 p. c. *ad valorem*, bien et réellement perçus, seraient suffisants pour protéger les
grands intérêts de l'industrie nationale et ménager
les salaires des populations laborieuses. Voilà
quelle a été l'intention du chef de l'État, voilà
encore aujourd'hui ce que pense le pays tout entier,
et il a raison de le croire. La Chambre seule doit
être désabusée. Les paroles de M. le Président du
Conseil d'État en présence de la commission nous
ont prouvé, non pas que le traité ne maintenait pas
fermement les 30 p. c. *ad valorem*, mais que l'a-
dresse et l'habileté de M. Cobden étaient parvenues
à convaincre nos négociateurs français que dans la
Convention complémentaire la quotité des droits
de protection qui devraient être accordés à l'industrie française, serait discutée et arrêtée par la Commission internationale. C'est-à-dire que les Anglais,
qui n'ont plus rien à nous donner, vont arracher à
la France jusqu'au dernier centime de protection;
c'est-à-dire que les Anglais, qui ont déjà discuté nos
intérêts et les leurs dans le Parlement britannique
pendant plus de cinq semaines, libres de tout en-

gagement, libres de rejeter les propositions que vous leur aviez soumises, feront vos lois de finances, et que le Corps législatif français n'aura même pas le droit de les défendre. Cela n'est pas possible.

» Si le traité doit être interprété comme M. le Président du Conseil d'État l'a fait dans la séance d'hier, ce sera pure générosité et magnanimité des Anglais si 5 p. c. de protection sont accordés à l'industrie française.

» En effet, Messieurs, de quels éléments se composera cette réunion de négociateurs, cette commission internationale? Nous la connaissons déjà : les deux négociateurs anglais du traité et les deux négociateurs français. Mais, nous a dit M. le Président du Conseil d'État, si nous ne tombons pas d'accord avec les Anglais, le paragraphe 2 de l'article 13 nous donne un droit immense, un droit que, dans un moment d'oubli, les négociateurs anglais nous ont concédé, nous pouvons alors tarifier tous les articles anglais à 30 p. c. *ad valorem!* Si vous êtes en admiration devant cet article, les Anglais ne l'admirent pas moins que vous.

« C'est pour eux tout le chef-d'œuvre du traité
c'est dans ce paragraphe que vous découvrez toute
leur finesse en affaires, toute leur adresse dans la
négociation. C'est aussi la lecture de cette phrase
qui a soulevé d'unanimes applaudissements dans
la Chambre des Communes. C'est cette condition
qui nous a valu cette ironie vraiment peu généreuse et trop amère de M. Gladstone quand il a
rappelé les mesures d'Huskisson.

« C'est là que toute l'habileté ordinaire des négociateurs français a succombé. *La diplomatie politique* peut être votre élément, mais la diplomatie
commerciale est évidemment celui de l'Angleterre.

« Je me permettrai de rappeler au comité, disait
» M. Gladstone dans son exposé du budget, que
» cette limite de 30 p. c. à laquelle la France se
» soumet en quittant le système de la prohibition
» absolue, est précisément la règle qui avait été
» adoptée par le Parlement britannique alors que
» M. Huskisson était Ministre du commerce et que
» nous commençâmes à modifier d'une manière
» importante notre législation commerciale. *Mais je*
» *dois le dire, il existe une différence entre les deux*
» *cas: en Angleterre, dans une foule de circonstan-*

» *ces, la mise en œuvre du principe était telle qu'on*
» *percevait des droits bien* AU-DESSUS *de 30 p. c.; au*
» *contraire, d'après les termes du traité actuel,* la
» France nous donne la garantie que 30 p. c. seront
» réellement le maximum perçu, et que, *par l'effet*
» *de la nature des choses, dans un grand nombre de*
» *cas, les droits seront bien au-dessous de ce taux,*
» *même sur les objets manufacturés.* » (Applaudissements.)

« Vous le voyez, Messieurs, ce qui fait la satis-
tion de M. le Président du Conseil d'État en France
n'en cause pas une moins vive de l'autre côté de la
Manche...

» La mission des négociateurs de là Convention
internationale est clairement définie dans l'art. 13.
Il s'agit tout simplement de comparer, avec les
Anglais, les prix que le Gouvernement français
aura obtenus par ses renseignements en Angleterre,
à ceux qu'ils vous apporteront eux-mêmes, de les
contrôler entre les deux nations, et, après les chiffres fixés de la valeur de vente de chaque objet, ce
qui est toujours facile et possible à une très-légère
différence près, de fixer sur ces chiffres le droit de

30 p. c. Ainsi pour les objets se présentant dans nos douanes à la valeur reconnue :

De 100 fr. le maximum de perception sera de 30 fr.

De 200 . . . . 60 fr.

De 300 . . . . 90 fr.

» Voilà donc le tarif maximum établi. Au-dessous de cette limite, libre au gouvernement de se mouvoir comme il l'entendra, de donner, ou de ne pas donner une protection. Mais vous n'avez pas le droit d'aliéner, au nom de la France, la protection que l'Empereur a voulu hautement, loyalement et énergiquement conserver à l'industrie nationale.

» Si vous sortez de ces principes, c'en est fait de l'industrie française, et les noms des négociateurs de notre époque iront, sans tarder, rejoindre ceux des de Vergennes, des de Calonne et des Dupont de Nemours avant l'expiration de ce traité. »

Cette discussion, nous l'avons dit, ne s'était produite au Corps Législatif que d'une manière incidente, et à propos du projet de loi relatif au dégrèvement des matières premières, qui n'était pas, en

lui-même, de nature à soulever des objections sérieuses, puisque cette mesure était une conséquence
nécessaire de la situation que le traité faisait à l'industrie française. La question de l'interprétation du
traité ne pouvait donc pas y être l'objet d'un vote.
Mais il n'en devait pas être de même au Sénat, qui
en était saisi directement par la pétition des industriels.

M. Dumas fut chargé du rapport sur cette pétition ; la discussion, qui n'occupa pas moins de trois
séances, fut des plus vives, et, si elle n'aboutit pas
aux conclusions réclamées par les industriels, elle
permit du moins à un certain nombre de sénateurs
de manifester, avec l'approbation et aux applaudissements de l'assemblée, les sentiments qui les ani-
maient en faveur du travail national, et les inquiétudes que le traité de commerce leur faisait éprou-
ver sur son sort.

M. Dumas, après avoir exposé dans son rapport la
demande des pétitionnaires, reconnut que la question était délicate et sérieuse. La commission, dit-
il, avait dû rechercher d'abord quelle avait été au
fond l'intention réelle des contractants, et elle avait,

en conséquence, prié M. le président du Conseil d'État de lui faire connaître la pensée du Gouvernement, dont il était, dans cette circonstance, l'organe naturel. Or, on devine quelle fut la réponse de M. le président du Conseil d'État. Là où M. Dumas avait trouvé qu'il y avait une question délicate et sérieuse, M. Baroche n'admit pas même que le doute fût possible. Il reproduisit purement et simplement les explications déjà présentées au Corps législatif sur la manière dont le Gouvernement entendait le traité.

La commission du Sénat, nous avons le regret de le dire, accueillit l'interprétation présentée par M. le président du Conseil d'État; mais elle voulut du moins donner un avertissement salutaire au Gouvernement, et elle proposa le renvoi de la pétition à M. le Ministre du commerce en des termes qui témoignaient de ses préoccupations.

Ainsi M. Dumas s'emparait avec empressement de la déclaration faite par M. le Président du Conseil d'État: Que les droits de 30 p. c. *ad valorem* seraient appliqués à tous les articles pour lesquels on ne se mettrait pas d'accord avec les négociateurs anglais. Il ajoutait :

« Les industriels en général, et les pétitionnaires en particulier, ne sont-ils pas conduits à dire aux négociateurs : Ne descendez pas les chiffres de vos droits trop bas ; attendez que l'expérience vous ait éclairés. S'il convient plus tard de les abaisser de nouveau, l'Angleterre ne réclamera pas ; s'il fallait les rehausser et qu'on fût lié par un traité, on ne le pourrait plus. N'oubliez pas que vous êtes armés en ce moment d'une puissante prérogative ; ne la laissez pas inefficace entre vos mains. Avant de se résoudre à subir des droits de 30 p. c. *ad valorem*, les négociateurs anglais accepteront les droits spécifiques nécessaires à la juste protection des intérêts français. Ne vous laissez pas aller à de généreuses imprudences ou à des facilités regrettables. Vis-à-vis de l'Angleterre usez de tous vos avantages ; tenez les droits un peu hauts. Le moment venu, l'industrie française subira la loi de la nécessité, et elle acceptera des droits plus bas, si l'intérêt français, si l'utilité de la masse des consommateurs le commandent.

» Ce langage, messieurs les Sénateurs, qui de nous ne l'a recueilli, et qui de nous ne le croit sincère ? Nous n'avons qu'une réponse à faire, c'est que nos négociateurs chercheront où est la ligne de la vérité, et qu'ils s'y attacheront fermement comme à la garantie la meilleure, avec cette sincérité et cette loyauté qui n'excluent pas la défense intelligente et sérieuse des intérêts français.

» La majorité de la commission ne craint pas, toutefois, de donner à d'éminents industriels, que leur situation et celle du pays préoccupe, la satisfaction de renvoyer leur pétition, dans laquelle leurs réflexions sont consignées, à M. le Ministre de l'Agriculture du Commerce et des Travaux publics. »

Les conclusions bienveillantes de la commission, rencontrèrent des appuis énergiques dans le Sénat.

Ce fut d'abord M. le baron Charles Dupin qui débuta par les paroles suivantes :

« Je veux, avant tout, Messieurs les Sénateurs, remplir les devoirs d'un bon citoyen et d'un loyal Sénateur. Mon premier besoin est de concourir sincèrement à l'exécution du traité de commerce, interprété suivant les lois, dans les rapports, inséparables à mes yeux, de la France, du droit et de la justice.

» Le second est d'examiner avec un intérêt profond, sans passion néanmoins et sans partialité, mais aussi sans mauvais vouloir, les appréhensions, ce n'est point dire assez, les alarmes conçues par l'industrie nationale sur une concurrence inattendue, formidable et qui pourrait être ruineuse ; elle le serait en effet, si l'on n'exécutait pas, dans le sens à la fois le plus équitable et le plus national, un traité dont les conséquences, bien ou mal interprétées, doivent être ou très-funestes ou très-favorables à la France. »

M. le baron Ch. Dupin, après avoir cité des chiffres nombreux pour montrer les dangers de la concurrence anglaise, plaida surtout la cause de la petite industrie qui se trouvait la plus menacée.

« Pardonnez-moi, Messieurs les Sénateurs, dit-il en terminant, si je défends ainsi la modeste industrie et les petits fabricants.

» Mes paroles, quelque animées qu'elles puissent être, n'ont rien d'hostile au traité de commerce. Faites qu'il ne produise que des résultats salutaires, qu'il contribue à l'aisance générale, sans ruiner les plus humbles producteurs, sans mutiler la base de la grande et majestueuse pyramide que composent nos familles industrieuses.

» Oui, je serais le dernier des hommes si j'avais gardé le silence dans cette occasion. Je n'aurai pas employé trente années à faire voir qu'on peut propager les lumières fécondes des sciences, de classe en classe, jusqu'aux moindres industriels ; je n'aurai pas fait connaître aux simples ouvriers par quels moyens ils peuvent s'élever de degrés en degrés. pour qu'aujourd'hui j'assiste, impassible et silencieux, à la ruine de ceux qui sont, en effet, devenus petits fabricants par leurs efforts et leur savoir. Ils sont mes amis, mes élèves, et je les chéris comme des enfants. Je recommande leur humble fortune à la sollicitude éclairée, généreuse du Gouvernement. Les sentiments que j'exprime ici retentissent, je n'en doute pas, dans vos nobles âmes. Messieurs les Sénateurs, et doivent aller au cœur de M. le Président du Conseil d'État. Qu'il écoute ce cri de justice et d'humanité dans les décisions auxquelles il aura nécessairement une si grande part, afin que l'exécution du traité n'attire sur ses auteurs que les bénédictions! voilà mon vœu.

» Je demande que le Sénat adopte les conclu

sions de la commission.» (Mouvement marqué d'approbation.)

M. le comte de Beaumont (de la Somme) ne plaida pas avec moins de chaleur la cause de l'industrie.

« J'ai la conviction, dit-il, que les droits *maximum* qui ont été portés dans le traité sont d'une absolue nécessité pour le commerce et l'industrie; que nous sommes encore dans l'inconnu, et que les enquêtes qui se font n'éclaireront pas le Gouvernement autant qu'il peut l'espérer. Il y a une chose malheureuse dans notre pays, c'est qu'industriels et commerçants cherchent toujours à ne pas dire la vérité. Ils se font souvent plus pauvres et plus malades qu'ils ne le sont; mais pour moi, de l'ensemble de l'examen, il résulte que notre industrie n'est pas de force, à cause soit des distances, soit du transport, soit du capital, à entrer en lutte avec l'Angleterre à armes égales.

» En présence de cette conviction, j'insiste pour que le Sénat, dans le renvoi des pétitions, émette bien clairement son opinion. Le Sénat est convaincu que l'Empereur veut, avant tout, sauvegarder le

5.

travail national, et qu'il croit qu'il y a péril à aller trop vite dans cette matière. Or, en maintenant le *maximum*, le Gouvernement se donnera tout le temps d'étudier ce qui va se passer, de suivre la marche et les résultats du régime économique dont l'introduction inquiète très-profondément tous les esprits. En ce moment, il est difficile de connaître la vérité. Laissons se calmer cette première émotion; laissons marcher notre industrie; nous l'observons, nous lui tâterons, pour ainsi dire, le pouls chaque jour, et alors nous pourrons fixer les tarifs sans dommage pour notre industrie, et au grand avantage du consommateur. (Marques d'approbation.) »

Le langage de M. le général marquis de Castelbazac, fut au moins aussi énergique.

« Je ne comprends pas, je l'avoue, dit-il, que nous voulions bénévolement renoncer aux avantages, c'est-à-dire à la partie des droits protecteurs que nous laisse encore le traité.

» Je le comprends d'autant moins que depuis que j'ai mieux examiné la balance commerciale de la France et de l'Angleterre, je vois que la balance des opérations est, depuis plusieurs années, en notre faveur, et que ces avantages ont *surtout* et *précisément* augmenté depuis que la liberté commerciale est introduite en Angleterre.

» Je vois, en outre, que partout, en Europe et en Amérique, le même principe produit les mêmes effets ; partout où existe la liberté commerciale *sans sages limites*, les importations de l'étranger dépassent les exportations nationales ; et partout où il existe des droits protecteurs, la balance commerciale est favorable.

» D'après ces considérations, le bon sens me dit que nous ne devons pas abandonner les droits protecteurs que le traité nous a laissés ; ou du moins que nous ne devons consentir à la réduction, pour certains articles, qu'avec des concessions équivalentes, et surtout que nous devons repousser entièrement les droits *ad valorem* sujets à tant de fraude.

» La générosité, ou l'esprit de système, dont je redoute les tendances, je l'avoue, me paraîtraient, en ces matières commerciales, un vice plutôt qu'une vertu ; et je doute que la France en fût très-reconnaissante vis-à-vis des négociateurs.

» D'ailleurs, le vote du Sénat, en faveur des pétitionnaires, sera pour eux une bonne arme défen-
sive qui ne peut que leur être utile, dans la lutte
qu'ils ont à soutenir, et, sans doute, ils ne vou-
dront pas s'en dessaisir. Que dirions-nous d'un général français, qui, au moment d'une action déci-
sive, par un sentiment chevaleresque exagéré, ou
de présomption coupable, jetterait dédaigneusement
à l'eau ses canons rayés pour laisser aux canons
Armstrong toute liberté d'action ? »

Mais ce fut M. Lefebvre-Duruflé qui pénétra plus
vivement dans le sujet. Il y a ici dans la question,
dit-il, des plaintes sérieuses, des plaintes formulées
par des hommes qui occupent un rang considérable
dans l'industrie du pays. Après avoir déploré le
langage acerbe employé envers les industriels, les
épithètes d'égoïstes et de monopoleurs qu'on leur a
prodiguées, M. Lefebvre-Duruflé ajoute qu'on ne
doit pas s'étonner des inquiétudes qui règnent dans
nos cantons manufacturiers.

« Tout, en effet, ne s'est-il pas réuni pour expliquer ou motiver leurs alarmes ?

» La presse périodique s'est refusée à la libre et

complète discussion de leurs griefs ; quelques-unes des expressions erronées et malveillantes, que je vous ai signalées, à force d'être répétées par elle, ont fini par se faire jour jusque dans certains documents administratifs. Hier, dans cette enceinte, on a essayé d'en murmurer une que l'on a senti le besoin immédiat de tempérer par un commentaire.

» Que si on se réfère au rapport annexé au traité qui devait nécessairement être regardé comme son commentaire, comme la révélation de la pensée intime des négociateurs, aussi bien qu'aux discours prononcés par l'un d'eux devant le Corps législatif, les trouvera-t-on de nature à calmer les alarmes des industries menacées ?

» Hélas ! non. En effet, c'est en vain que l'on y cherche quelques-unes de ces bienveillantes paroles propres à relever les courages abattus. On semble n'y pas admettre de légitimes inquiétudes, de consciencieuses alarmes ; et c'est en les gourmandant, en les taxant de faiblesse et de pusillanimité qu'on appelle les industries à la lutte.

» De la contexture et de l'ensemble de ces documents est résultée, pour les industries menacées,

cette impression que les négociateurs français, exal-
tés par un sentiment d'amour-propre national, sentiment louable sans doute en lui-même, mais trop
vif dans cette circonstance, entraînés par les résultats pleins d'illusions du grand, mais au fond un
peu vain spectacle des expositions, paraissaient avoir
une confiance exagérée dans la virilité des industries françaises qu'ils veulent pousser trop à découvert au combat ; tandis qu'ils semblent n'être pas
assez pénétrés de la colossale puissance industrielle
de l'Angleterre, ni se tenir assez en garde contre
les circonstances naturelles et acquises, qui placent
quelques-unes des industries de ce pays dans des
conditions d'une supériorité exceptionnelle et in-
domptable. »

M. Lefebvre-Duruflé établit ensuite de quelle importance est la fixation des droits.

« Les Anglais ont parfaitement compris que
c'était là le point décisif de la lutte ; le vrai champ
de bataille, ou si vous voulez mieux, *le Camp du
Drap-d'Or* de la négociation. Leur presse a depuis
longtemps déjà éveillé l'attention de l'industrie à
cet égard ; leur vigilance et leur susceptibilité est
telle qu'ils ont été jusqu'à manifester la crainte

que leur négociateur, M. Cobden lui-même, ne fût
pas à la hauteur de la mission si délicate et si
ardue de fixer les droits spécifiques.

« M. Cobden, dit le rédacteur du *Daily-News*, est
un homme qu'aucun autre ne surpasse en jugement,
quand il s'agit de principes généraux ; mais il est
nécessaire qu'il ait à ses côtés des hommes versés
dans la connaissance des détails pratiques et qui
aient qualité pour parler avec une autorité égale à
la sienne, afin d'en assurer la sage application.

» Le Gouvernement a, comme on sait, adjoint
deux personnages officiels à M. Cobden, pour l'assister dans sa mission : ce sont, un membre de la
direction du commerce et un membre de la direction des douanes ; mais si nous sommes bien infor-
més, les diverses villes industrielles de l'Angleterre ont délégué de leur côté, et à leurs frais, une
commission composée des plus expérimentés et des
plus intelligents de leurs habitants pour assister et
seconder M. Cobden dans les préparatifs de sa négociation.

» Nous trouvons ces précautions de l'industrie
anglaise parfaitement irréprochables et parfaitement légitimes ; mais n'autorisent-elles pas de

loyales représailles de la part dé l'industrie française? et à la voix des pétitionnaires, ne trouverez-
vous pas équitable, messieurs les sénateurs, d'éveil-
ler en leur faveur toute l'attention des négociateurs
français et de faire entendre quelques observations
qui se fassent jour jusqu'aux membres du Conseil
supérieur du commerce, chargé de l'enquête où s'é-
laborent les prix de revient des produits français. »

A l'appui de ces observations, M. Lefebvre-Duruflé a rappelé les paroles que la Chambre de commerce de Normandie, ce pays de sapience, faisait
entendre en 1789, dans des circonstances analogues :

« Nous restons plus que persuadés, disait cette
chambre de commerce, que celui qui administre,
quelque assuré qu'il soit ou qu'il se croie de ses
principes, doit se sentir assailli par une sorte de
terreur lorsqu'il songe qu'une conséquence mal
tirée, qu'un conseil hasardé, qu'une fausse mesure,
qu'une méprise, une négligence, une erreur, peuvent faire du mal à des millions d'hommes au lieu
du bien qu'on se proposait. Puissent nos représentants écarter les séductions et l'impérieuse doctrine
de ces écrivains qui, condamnés par le défaut d'ex-

périence et par l'esprit de secte à des erreurs conti-
nuelles, sont néanmoins consultés sur des matières
où la moindre erreur peut occasionner les plus
grands maux ! »

Enfin M. Lefebvre-Duruflé donnait, dans la dernière partie de son discours, ces sages avertissements :

« Que ceux qui penchent vers l'extension des
échanges y réfléchissent bien. Le succès de l'essai
qui va être tenté leur importe plus qu'à ceux qui in-
clinent davantage vers la protection. Que l'impa-
tience ne les entraîne pas ; qu'ils se montrent con-
ciliants et faciles pour la première épreuve. Si elle
échouait, s'il en résultait de profondes perturbations, de funestes ruines, leur cause serait à jamais
perdue en France ; qu'ils ne livrent donc à des
chances douteuses rien de ce qui peut être sauve-
gardé par la prudence et la modération. »

Le discours de M. Lefebvre-Duruflé, c'est le
compte-rendu officiel des séances du Sénat qui le
constate, fut fréquemment interrompu par des marques d'assentiment, et se termina au milieu des
très-bien ! très-bien !

Il aurait semblé, d'après les adhésions qui avaient été prodiguées au langage de ces divers orateurs, que le vote du Sénat devait être acquis aux conclusions de la commission, qui, tout en interprétant le traité contrairement aux demandes des pétitionnaires, avait voulu cependant donner un témoignage de ses sympathies à la cause du travail national.

Mais le Gouvernement ne l'entendait pas ainsi. Il importait à ses vues et à ses projets que la pétition fût repoussée, et, pour y parvenir, M. le Président du Conseil d'État et M. le Ministre du commerce eurent recours, nous demandons la permission de le dire, à un procédé assez fréquemment usité au temps du régime parlementaire. Ils firent intervenir le nom de l'Empereur, la prérogative impériale, pour jeter le trouble dans les esprits et dans les consciences.

M. le Président du Conseil d'État avait déjà passionné le débat en dirigeant contre M. Lefebvre-Duruflé les paroles les plus acerbes, paroles auxquelles l'honorable sénateur avait pu répondre : « Je suis peu ému des attaques exorbitantes dont j'ai été l'objet, et je me retranche avec sécurité derrière les expressions d'approbation dont vous avez daigné m'honorer, » ce qui, d'après le compte-rendu officiel du Sénat, lui valut de nouveaux *très-bien! très-bien!*

Ce fut M. le Ministre du commerce qui se chargea surtout de faire jouer, le dernier jour, le grand argument sur lequel on comptait, pour déterminer, nous allions dire pour enlever le vote. Voici un fragment de son exorde :

« J'éprouve, je l'avoue, une vive émotion du contraste qui semble se produire ici. Eh quoi! l'Empereur a mis la gloire de sa mission, a employé sa force, à chercher tous les moyens d'alléger la situation du plus grand nombre, à développer le bien-être des populations laborieuses, et à propos d'une pétition, le Sénat viendrait dire au Gouvernement : prenez garde de compromettre la situation de cette classe intéressante, de ruiner son salaire.

» Non, non, un tel langage, de telles considérations, ne sont faites que pour troubler les âmes, gêner la raison ; à l'insu de ceux qui les mettront en avant, ils deviendraient de véritables accusations

contre ceux qui ont pu participer à une œuvre fé-
conde en précieuses conséquences.»

Monsieur le Ministre du commerce disait un peu
plus loin :

« La thèse que développe cette pétition est celle-
ci : l'Empereur n'a pas le droit constitutionnel de
modifier les tarifs au-dessous de 30 p. c. Est-ce
qu'il est question de sucre, de sel, de houille, de la
classe ouvrière ? Non, il n'y a absolument rien de
semblable ! vous passez à côté de la pétition ; cela est
inexplicable pour moi, et pourtant que renvoie-t-
on ? la pétition. Elle nie la compétence de l'Empereur et la repousse d'une manière absolue. La commission combat cette thèse par les arguments les
plus énergiques, les plus chaleureux, et elle conclut pourtant au renvoi au gouvernement, parce
que cette pétition contiendrait des renseignements
et serait signée par des hommes éminents !....

» Ceux auxquels on dira que la pétition a été
renvoyée par le Sénat au Gouvernement rappro-
cheront le disposif de la demande, et conclueront à
à l'inconstitutionnalité de l'acte international.

» Si le Sénat prononce le renvoi, espère t-il donner ainsi du courage à ceux qui ont la redoutable mission de conclure la convention complémentaire, en laissant planer sur eux cette pensée que le Sénat a désavoué à l'avance le rôle constitutionnel du souverain ?...

» Le Sénat est trop patriotiquement dévoué à l'Empereur, au chef de l'État, qui a pris la responsabilité et l'initiative de ce traité de commerce, pour ne pas reculer devant les conséquences d'un vote consciencieux, mais peut-être imprudent, et que les partis hostiles pourraient livrer en pâture à des intérêts crédules. »

Le compte-rendu officiel du Sénat ajoute à la suite de ces paroles : *sensation*. On comprend, en effet, que M. le ministre du commerce, en posant la question de cette manière, devait beaucoup embarrasser une assemblée qui avait été nommée par l'Empereur et qui devait craindre de laisser mettre son dévouement en suspicion. N'eût-ce point été un acte bien énorme de sa part que de renvoyer à M. le ministre du commerce une pétition qui, à l'en croire, niait la compétence de l'Empereur, qui portait atteinte au droit constitutionnel du souverain !

Nous ne nous arrêterons pas à démontrer que M. Rouher avait complètement déplacé la question, qu'il ne s'agissait nullement de la prérogative impériale devant laquelle les pétitionnaires s'étaient respectueusement inclinés, mais qu'il s'agissait seulement de savoir dans quelles limites le traité liait la France vis-à-vis de l'Angleterre.

L'impression était produite et le coup était porté.

Toutefois, M. Dumas lutta avec un courage, avec une persistance à laquelle nous sommes heureux de rendre hommage, pour maintenir les conclusions de son rapport. Prenant la parole après M. le ministre du commerce, il réfuta quelques points de détail, et il s'exprima ainsi :

« J'arrive au point de la difficulté sur lequel il me paraît important que le Sénat ne se méprenne pas. M. Rouher disait tout à l'heure : Nous ne faisons pas de libre-échange, car nous laissons 30 p. c. de protection. A coup sûr, si l'industrie était certaine d'avoir ces 30 p. c. de protection, il n'y aurait pas de question. Nous l'avons dit bien des fois, 30 p. c. de protection sont plus que suffisants pour donner à l'industrie française toutes les garanties dont elle a besoin. Mais c'est précisément parce que la convention à intervenir peut abaisser ce chiffre de la protection, pour chaque cas particulier, à 25, à 20, à 10, à 5, et qu'on ne sait pas encore comment le Conseil supérieur, comment le Gouvernement apprécieront les besoins de chaque industrie, après avoir entendu les délégués ou les négociateurs, que les pétitionnaires demandent qu'on réserve à l'avenir toutes les décisions de détail qu'on pourra lui conserver.

» Il y a au-dessous de 30 p. c. une limite à chercher dans l'intérêt de l'industrie, comme dans l'intérêt des consommateurs.

» Pour la découvrir, il faut savoir quels sont les véritables prix de revient en Angleterre et en France; quelle est l'étendue du droit protecteur qu'il convient de ménager encore à l'industrie française pendant dix ans. C'est la juste appréciation de ce point délicat, que le Conseil supérieur du commerce est appelé à découvrir, qui a inquiété l'industrie, parce qu'elle n'en connaît pas les termes.

» Je l'ai dit dans le rapport, et je le répète avec

conviction : l'industrie, après avoir vu de quels ménagements le Gouvernement entendait entourer la préparation de la convention, s'est rassurée, elle se rassure encore. Mais il ne lui reste pas moins une certaine inquiétude ; elle s'est manifestée dans les pétitions dont vous avez été saisis. Cette inquiétude la voici : la levée des prohibitions, l'abaissement des droits à 30 p. c., c'est là la mesure politique, la révolution économique sur laquelle nous sommes tous d'accord.

» Mais puisqu'on doit, pour la plupart des cas, descendre le droit au-dessous de 30 p. c., de combien l'abaissera-t-on pour chaque industrie en particulier ? qui sera consulté ? qui décidera ? pourquoi se hâter ? n'est-ce pas là que la mesure de détail, le débat de famille apparaît ? »

Enfin, M. Dumas, après avoir fait ressortir la difficulté de discuter, chiffre à chiffre, marchandise par marchandise, le degré de protection qui convient à la France, et de se mettre d'accord avec l'Angleterre en demeurant à l'abri du danger, terminait de la manière suivante :

« Comment s'étonner, d'après cela, que les in-

dustriels vous disent : renoncez à la convention qui
est une affaire de détail, et gardez les 30 p. c. *ad
valorem*, du moins pour le moment, car c'est le
point politique du traité.

» J'appelle de nouveau l'attention du Sénat sur
cette considération, la seule qui nous ait préoccu-
pés. Le droit de 30 p. c. est un maximum, et c'est
au-dessous de 30 p. c. qu'il faudra descendre. De
combien le pourra-t-on sans péril, pour que chaque industriel trouve encore la protection qu'on
entend lui laisser et pour que nous ne soyons pas
livrés à la concurrence si dure et si redoutable de
l'Angleterre ? C'est sur ce point que les pétitionnaires ont éveillé la sollicitude du Sénat, et que
nous nous associons à la pensée, à l'esprit qui les
ont dirigés, sans tenir compte de la lettre, sans accepter la formule qu'ils ont choisie et les conclusions auxquels ils sont arrivés. »

Les efforts de M. Dumas devaient être inutiles,
et, de peur que ses paroles n'eussent fait perdre de
vue le grand argument de M. le Ministre du commerce, M. le président du Conseil d'Etat se chargea de le rappeler par une seule phrase, en disant :
« qu'il n'y avait absolument dans la pétition, depuis

le commencement jusqu'à la fin, qu'une discussion sur les pouvoirs constitutionnels de l'Empereur. »

Le vote fut ce qu'il devait être sous une semblable pression ; la pétition, qui avait reçu un accueil si chaleureux pendant les deux premiers jours de la discussion, fut écartée par l'ordre du jour à une majorité de 84 voix contre 11, et, comme pour mieux constater la situation des esprits, on vit quelques-uns des orateurs, qui avaient le plus énergiquement appuyé le renvoi au Ministre du commerce, déposer eux-mêmes un bulletin contraire au moment du scrutin.

Ainsi échappait à l'industrie l'espérance qu'elle avait fondée sur l'interprétation textuelle du traité. L'industrie avait cru, en se référant à ses termes mêmes, que le traité ne renfermait qu'une seule obligation pour la France, celle d'admettre les produits anglais, moyennant un droit qui ne dépassât pas 30 p. c ; qu'il n'avait pas d'autre effet virtuel ; qu'au-dessous de 30 p. c. il ne stipulait rien, il ne promettait rien, il n'accordait rien ; qu'en conséquence, il laissait la France absolument libre de régler, dans la plénitude de son indépendance et de sa volonté, les tarifs qu'il lui conviendrait d'établir, du moment qu'ils n'atteindraient pas le maximum posé par l'acte international.

Or, il résultait des déclarations des organes du Gouvernement et de ce vote du Sénat que l'industrie s'était trompée, que le traité, sans qu'il y parut, allait beaucoup plus loin que ses termes ne le comportaient, et que la convention complémentaire, au lieu de se borner simplement, comme l'indiquait le traité à convertir les droits *ad valorem* en droits spécifiques, devait faire descendre, pour chaque article, le chiffre de la protection dans des proportions inconnues et qui seraient déterminées d'un commun accord avec les négociateurs anglais.

La situation devenait de plus en plus inquiétante et cependant, ainsi qu'on le verra dans le chapitre suivant, de nouveaux mécomptes attendaient encore l'industrie dans l'exécution de ce traité si singulièrement interprété au point de vue Français.

L'ENQUÊTE, LE CONSEIL SUPÉRIEUR

ET

LES CONVENTIONS COMPLÉMENTAIRES

L'article 13 du traité de commerce avait stipulé :

Que les droits *ad valorem* établis dans la limite fixée (limite de 30 p. c., devant s'abaisser à 25 p. c. en 1864) seraient convertis en droits spécifiques par une convention complémentaire ; que l'on prendrait pour base de cette conversion les prix moyens pendant les six mois qui avaient précédé la date du traité ; que, toutefois, la perception des droits serait faite conformément aux bases ci-dessus établies (c'est-à-dire *ad valorem*), 1° dans le cas où la convention complémentaire ne serait pas intervenue avant l'expiration des délais fixés pour l'exécution, par la France, du présent traité ; 2° pour les objets dont les droits spécifiques n'auraient pu être réglés d'un commun accord.

On comprend toute l'importance que prenait l'exécution de cet article avec l'interprétation admise par le gouvernement français.

La convention complémentaire à laquelle il se référait, ne devait plus seulement consister à convertir les droits maxima de 30 et 25 p. c. *ad valorem* en droits spécifiques, elle devait déterminer le quantum pour cent de protection qui pouvait être nécessaire aux objets de fabrication française dans les limites de 30 et de 25 p. c.

Et comment ici ne pas rappeler encore la singulière position dans laquelle le gouvernement français s'était placé par cette interprétation du traité. Ce n'était pas une commission toute française qui devait déterminer la protection dont nos industries pouvaient avoir besoin, c'était une commission anglo-française. Ainsi l'Angleterre était admise à discuter avec nous la force relative de telle ou telle branche de nos manufactures et la quotité des droits qui pouvait lui être nécessaire pour exister.

M. Saint-Marc Girardin faisait, à ce sujet, de judicieuses réflexions. « Personne, disait-il, n'a une plus haute idée que moi de l'esprit de justice et

6.

d'équité des Anglais. Ils ont le respect du droit. L'individu chez eux est admirable ; il est libre et il se sait respectable. Le Gouvernement anglais, à force de patriotisme anglais, est peut-être moins équitable et moins impartial. Mais, soit individus, soit gouvernement, c'est mettre les Anglais à trop forte épreuve que de leur demander de voter en faveur de l'industrie française. Le traité de commerce leur a accordé un maximum ; leurs marchandises ne peuvent pas payer plus de 30 p. c. ; nous allons leur demander ce qu'ils pensent de la proposition de leur faire payer moins. Il nous semble, qu'à moins d'être des saints, la réponse qu'ils feront n'est pas douteuse. Je me souviens d'avoir lu que, pour M. Cobden, un des commissaires anglais, la liberté du commerce n'est pas seulement une opinion, mais une croyance. A ce titre, M. Cobden aura pour voter l'abaissement des droits de protection en faveur de l'industrie française deux raisons : l'intérêt anglais et son orthodoxie économique. Une seule suffirait. »

M. Saint-Marc Girardin ajoutait : « Nous pouvons beaucoup faire pour l'Angleterre et nous pouvons aussi beaucoup faire pour l'Europe, parce que nous avons beaucoup agi seuls, avec hardiesse et avec succès. Mais de toutes les choses, celle que je céderais le moins volontiers à l'Angleterre, c'est le droit de voter sur les intérêts de l'industrie française. »

Malheureusement le sacrifice était fait ; c'était une commission anglo-française qui devait décider des tarifs, et il n'y avait plus qu'à savoir comment et de quelle manière nous pourrions nous défendre.

Le gouvernement, en présence d'une semblable situation, voulut bien reconnaître qu'il était indispensable que le nouvel arrangement à intervenir fût précédé d'une enquête *loyale et consciencieuse*, dans laquelle seraient appelés à se faire entendre les intérêts si divers et si nombreux qu'embrassait le traité.

Cette enquête, qu'on n'avait pas jugé utile de faire avant la conclusion du traité, on consentit à la faire après.

Un décret du 11 avril 1860, confia cette mission délicate au Conseil supérieur de l'agriculture, du commerce et des manufactures, conseil que le

Gouvernement avait constitué quelques années auparavant, qu'il avait composé comme il l'avait voulu, et qui avait rarement fonctionné depuis sa création.

On remarquera que c'est le Conseil d'Etat qui, dans les dernières années, avait été chargé des enquêtes sur les mesures de douanes. Il avait fait les enquêtes sur les laines peignées et les fers creux : il venait de faire la grande et importante enquête sur la question des céréales. Tout semblait donc le désigner pour la nouvelle enquête à laquelle on allait procéder. Rien d'ailleurs de plus logique et de plus équitable que la pensée de confier ces investigations au Conseil d'Etat. En Angleterre, où ce mode d'instruction a pris naissance, elles sont faites par le Parlement. Nos institutions actuelles ne comportent peut-être pas tout d'abord une action aussi directe de la part du Corps législatif; mais alors n'est-ce pas au Conseil d'Etat, qu'en vertu même de ses attributions constitutionnelles, cette mission doit naturellement revenir ? Appelé à préparer la loi, ne doit-il pas également procéder à la recherche des faits et des chiffres qui doivent lui servir de base ? C'est ce que l'on avait reconnu par expérience, puisqu'on lui avait confié le soin de faire les dernières enquêtes. Pourquoi, lorsqu'on l'avait chargé de l'enquête sur les céréales, ne l'avoir pas également chargé de l'enquête sur les fabrications touchées par le traité de commerce? Si, dans le premier cas, il s'agissait de la production la plus considérable de l'agriculture, il y allait, dans le second cas, du sort des branches de l'industrie manufacturière qui fabriquent la plus grande masse de produits et qui occupent le plus grand nombre d'ouvriers. L'intérêt était égal, et il était tout à la fois juste et politique de donner également à ces deux grandes divisions du travail national les garanties d'étude approfondie, d'impartialité et de modération que présente l'intervention d'un des premiers corps de l'État.

Il n'est pas probable qu'on se soit défié des lumières du Conseil d'État. Mais peut-être aura-t-on trouvé que, dans les enquêtes auxquelles il s'était livré, il s'était montré trop conservateur, trop modéré, trop peu porté pour les nouvelles théories qu'on voulait faire prévaloir et appliquer dans la fixation des tarifs?

Il est certain que la composition du Conseil supérieur ne devait pas inspirer de pareilles craintes. On pouvait apprécier ses dispositions économiques par ce seul fait : le Gouvernement, l'ayant con- consulté en 1853 sur le tarif des fers, dut repousser les droits proposés par la majorité comme offrant une réduction excessive, et adopta la proposition de la minorité. Il est même permis de croire que c'est à cause de cela qu'on ne l'avait guère consulté depuis lors. Mais les dispositions du Gouvernement n'étaient plus en 1860 ce qu'elles étaient en 1853, et l'on trouva opportun d'exhumer, pour les besoins du moment, l'institution qu'on avait laissé dormir pendant de longues années.

Le Conseil supérieur avait perdu deux membres, MM. le comte d'Argout et Gauthier; ils furent remplacés l'un par M. Dumas, et l'autre par M. Michel-Chevalier dont le nom était devenu le symbole du libre-échange; la vice-présidence, qui était devenue vacante par la démission de M. Billault, fut confiée à M. Baroche, président du Conseil d'État, et l'un des signataires du traité.

On voit que l'industrie n'avait pas précisément à se féliciter de ces modifications dans le personnel du Conseil supérieur. Si elle devait être satisfaite de la nomination de M. Dumas, que recommandait une parfaite connaissance de la matière unie à une complète liberté d'opinion, elle avait à regretter d'une part l'éloignement de M. Billault, qui avait toujours montré la plus grande sollicitude pour la production nationale, et, d'autre part, la nomination de M. Michel-Chevalier, nomination qui, dans le débat, plaçait une des parties sur le siége des juges.

Ajoutons que l'on décida d'adjoindre au Conseil supérieur un commissaire administratif chargé de préparer, sous la direction de M. le ministre du commerce, le programme des travaux du Conseil, ainsi que des commissaires ou délégués spéciaux *que la nature de leurs études auraient préparés à discuter les questions qui concernent telle ou telle branche particulière d'industrie.*

Le Conseil supérieur se trouva composé de la manière suivante :

S. Exc. le Ministre de l'agriculture, du commerce et des travaux publics, président ;

S. Exc. M. Baroche président du Conseil d'Etat, vice-président ;

S. Exc. M. le comte de Morny, président du Corps législatif, membre du Conseil privé ;

M. Schneider, vice-président du Corps législatif ;

M. Reveil, vice-président du Corps législatif ;

M. de Parieu, vice-président du Conseil d'État ;

M. Vuillefroy, président de section au Conseil d'État ;

M. Dumas, sénateur ;

M. Michel-Chevalier, sénateur ;

M. Hubert de Lisle, sénateur ;

M. Seydoux, député au Corps législatif ;

M. Forcade de la Roquette, conseiller d'État, directeur-général des douanes et des contributions indirectes ;

M. le baron de Roujoux, conseiller d'État, directeur de l'administration des colonies au ministère de l'Algérie et des colonies ;

M. le comte de Lesseps, directeur des consulats et des affaires commerciales au ministère des affaires étrangères ;

M. Zoepffel, directeur de l'administration de l'Algérie au Ministère de l'Algérie et des colonies;

M. d'Eichthal, banquier;

M. Germain-Thibaut, ancien président de la Chambre de commerce de Paris;

M. Clerc, ancien président de la Chambre de commerce du Havre;

M. Ozenne, chargé de l'intérim de la direction du commerce extérieur au Ministère de l'agriculture, du commerce et des travaux publics, secrétaire avec voix consultative.

M. Herbet, ministre plénipotentiaire, fut appelé à remplir les fontions de commissaire général du Gouvernement près le Conseil supérieur; MM. Arthur Leroy, Arthur Legrand, Gustave Rouher, de Vaufreland et Grandidier, auditeurs au Conseil d'État, furent désignés pour concourir aux travaux du commissariat général.

Enfin, M. le Ministre de l'agriculture et du commerce nomma commissaires ou délégués spéciaux de son département près le Conseil supérieur: pour l'industrie métallurgique, MM. Combes, membre de l'Institut, inspecteur général des mines, Guiod, général d'artillerie, et Amé, directeur de la douane de Paris; pour les industries textiles, MM. Ernest Baroche, maître des requêtes au Conseil d'État, Natalis Rondot et Legentil fils ; plus tard on nomma M. Péligot pour les poteries et les cristaux, M. Pelouze, pour les glaces.

Nous ne voulons nous livrer à aucune critique personnelle sur la composition du Conseil supérieur et sur le choix des commissaires spéciaux qui lui furent adjoints; mais il suffit d'avoir été mêlé tant soit peu aux débats économiques de ces derniers temps pour savoir que la plupart des honorables membres de cette assemblée étaient connus par leurs tendances, sinon par leurs principes libre-échangistes. Or, nous le demandons avec la plus entière bonne foi, pouvait-on espérer qu'ils feraient abstraction de leurs idées et de leurs doctrines dans l'accomplissement de la mission dont ils étaient chargés? n'était-il pas, à craindre, dès-lors, que l'enquête ne fût pas dirigée, que le jugement ne fût pas rendu sans influence de parti pris et avec une complète impartialité ?

Nous sera-t-il également permis de faire observer,

en ce qui concerne les commissaires spéciaux, que quelques-uns étaient aussi plus ou moins engagés par les opinions qu'ils avaient exprimées et publiées, et que d'autres, dont nous ne méconnaissons pas l'intelligence, n'avaient cependant pas été, pour employer les termes de l'exposé du décret, *préparés par la nature de leurs études à discuter les questions relatives à la branche particulière d'industrie* dont l'instruction leur était confiée.

Au reste, on ne se fit pas faute de nommer de nouveaux délégués spéciaux pendant le courant de l'enquête. Ainsi pour l'industrie des laines, à M. Ernest Baroche, on adjoignit M. Amé, qui concourait en la même qualité à l'industrie des fers, et M. Guillaume Petit, ancien fabricant et ancien maire de Louviers.

On sait que M. Amé s'était déjà fait connaître par son livre sur la réforme douanière, et quant à M. Guillaume Petit, il avait pris à Louviers à peu près la même position que M. Jean Dollfus à Mulhouse, c'est-à-dire que, se séparant de tous ses confrères, il s'était fait libre-échangiste et comme lui rédacteur du *Journal des Débats*. Nous citons ces choix parce qu'ils indiquent assez clairement la direction que le ministère du commerce entendait imprimer à l'enquête.

Quelle était la mission du Conseil supérieur? Voici comment M. le ministre du commerce la définit dans le rapport qu'il soumit à l'Empereur le 11 avril 1860 :

« Le projet de décret, que je soumets à la signature de l'Empereur, précise le triple objet de cette information.

» Le Conseil devra d'abord constater le prix moyen des articles anglais dans les six mois qui ont précédé la date du traité. De cette constatation dérive l'élément à l'aide duquel sera fixée la limite maxima dans laquelle devront se mouvoir les nouveaux tarifs.

» Il devra recueillir tous les renseignement propres à déterminer le degré de protection nécessaire à chacune des branches de notre industrie, et à fixer la quotité de droits spécifiques qui devront grever l'importation de chaque article anglais. »

Voici, d'ailleurs, comment l'article 1er du décret du 11 avril, qui fut rendu à la suite du rapport de

M. le Ministre du commerce, précise les fonctions du Conseil supérieur :

« Art. 1er. Le Conseil supérieur du commerce, de l'agriculture et de l'industrie est chargé de procéder à une enquête ayant pour objet : 1º La constatation des prix de vente moyens des objets admis à l'importation en France par le traité de commerce avec la Grande-Bretagne, d'après les bases fixées par les articles 4 et 13 de ce traité ; 2º La conversion en droits spécifiques des droits *ad valorem* qui doivent être établis sur chaque article, dans la limite fixée par ledit traité. »

Nous prions nos lecteurs de bien remarquer ces termes du rapport ministériel et de l'article du décret, parce que nous aurons occasion de rechercher tout à l'heure comment les prescriptions qu'ils renferment ont été exécutées.

A peine le traité était-il signé, que les Anglais faisaient aussitôt leurs préparatifs pour se présenter en force à l'enquête et pour obtenir une convention complémentaire aussi favorable que possible.

Le Gouvernement britannique nomma une commission composée de MM. Cobden, Ogilvie, officier de la douane, et Mallet du Pan, membre de la direction du commerce. Cette commission devait se rendre à Paris pour défendre les intérêts des manufacturiers anglais dans les négociations qui allaient s'ouvrir pour la fixation des tarifs; mais, avant de partir, elle tint à être amplement renseignée sur les vœux de chaque branche des manufactures, et, en conséquence, elle invita les Chambres de commerce des différentes villes de fabrique du Royaume-Uni, à envoyer des députations à Londres pour conférer avec elle à ce sujet.

Les réunions eurent lieu sous la présidence de M. Milner Gibson, Ministre du commerce, ou de M. Cobden; les députations insistèrent pour que les droits, malgré le texte formel du traité, fussent établis *ad valorem*, et toutes, comme cela devait être, demandèrent que les droits fussent fixés au taux le plus bas possible, « attendu que les manufacturiers français, pouvant désormais se procurer les matières premières au même prix que les Anglais, ne pouvaient plus légitimement prétendre à une protection. »

M. Cobden dut modérer un peu l'ardeur de ces députations, surtout en ce qui concernait l'application générale des droits *ad valorem*. Ainsi, dans une lettre adressée à un de ses intimes amis de Manchester et publiée par les journaux anglais, tout en protestant de son attachement aux principes des droits *ad valorem*, il faisait observer que presque tous les pays de l'Europe ont, par des raisons de convenance ou pour éviter les fraudes, préféré les droits spécifiques. Il rappelait que l'Angleterre notamment n'était pas en position de dogmatiser sur cette question, attendu que son propre tarif contenait à peine un droit *ad valorem*, et que, même dans ces dernières années, elle avait substitué des droits spécifiques aux droits *ad valorem*. Toutefois M. Cobden augurait bien des conférences qui allaient s'ouvrir pour la fixation des droits, et il fondait ses espérances sur ce qui s'était passé à propos du traité lui-même, déclarant que, pendant les six mois qu'avait duré la négociation de ce traité, il n'avait trouvé dans le Gouvernement français que franchise, droiture et bonne foi.

La commission anglaise étant arrivée à Paris, le Conseil supérieur commença enfin ses travaux; il se réunit la première fois le 7 mai 1860, sous la présidence de M. Rouher, dans la grande salle du Conseil d'Etat, et consacra cette première séance à s'organiser et à régler la marche de ses travaux.

Le Conseil décida qu'il se réunirait trois fois par semaine, et l'on exprima l'espoir qu'il aurait terminé ses travaux à la fin du mois de juin, ce qui, dès lors, devait sembler bien difficile en présence des questions si nombreuses qu'il avait à résoudre, et qui embrassaient à peu près tout notre tarif de douanes.

L'enquête eut lieu dans l'ordre suivant :

Fers, métaux et leurs dérivés ;

Machines ;

Fils et tissus de lin ;

Fils et tissus de laine ;

Fils et tissus de coton ;

Poterie, cristaux ;

Produits chimiques.

On y entendit des industriels et des négociants de toutes les nations manufacturières, Français, Anglais, Belges, Suisses, Allemands, et, nous avons le regret de le dire, ce ne furent pas les manufacturiers français qui reçurent l'accueil le meilleur et le plus sympathique.

L'enquête sur les fers était à peine commencée que, quelques jours après, le journal anglais l'*Economist* publiait une lettre d'un correspondant de Paris qui lui donnait des détails sur les dépositions entendues, et les appréciait à son point de vue.

« Les dépositions reçues, disait l'*Economist*, dans son numéro du 3 juin, sont sténographiées et ensuite imprimées pour l'usage des membres du Conseil ; mais elles ne sont pas publiées pour l'instruction de tous. Cette absence de publicité est grandement à déplorer, l'enquête concernant directement une grande portion du public et étant d'un intérêt universel. Ajoutons que la publicité, comme il arrive en pareilles matières, produirait des faits et des opinions qui seraient utiles au Conseil. — *Toutefois, quoique les procès-verbaux des travaux du Conseil ne soient pas publiés, j'ai été favorisé de l'opportunité de pouvoir les examiner à la hâte.* » Suivent ici les détails sur les dépositions des personnes entendues.

Il en a été de même pendant tout le temps de l'enquête sur les différentes branches de l'industrie, c'est par les correspondances des journaux anglais

7.

que nous avons été tenus au courant des travaux du Conseil supérieur. Nous apprenions par Londres ce qui se passait dans les salles du palais d'Orsay.

D'où provenaient ces indiscrétions si publiques ? Voici comment on les expliquait. Les dépositions, comme le dit l'*Economist*, étaient sténographiées. Or, chaque matin, un exemplaire aurait été envoyé à M. Mallet du Pan, agent du Gouvernement anglais. Le gouvernement britannique aurait même demandé, dit-on, que M. Mallet du Pan assistât aux séances du Conseil supérieur ; mais la prétention aurait été jugée tant soit peu exhorbitante ; elle aurait été repoussée et M. Mallet du Pan aurait dû se contenter de recevoir jour par jour le compte rendu officiel des séances du Conseil. C'était déjà beaucoup trop.

En effet, si nos informations sont exactes, les procès-verbaux envoyés à M. Mallet du Pan ne servaient pas seulement à alimenter les correspondances de l'*Economist* et des feuilles britanniques, ils avaient encore un autre emploi. M. Mallet du Pan, dit-on, les tenait à la disposition des manufacturiers anglais appelés à l'enquête. Ainsi les manufacturiers anglais auraient eu constamment le pri-

vilége de lire, avant de paraître devant le Conseil
supérieur, tout ce qui s'était dit jusqu'alors et notamment les dépositions des fabricants français.
Grâce à cette facilité, ils auraient pu reconnaître
les points sur lesquels il leur importait le plus d'insister, préparer leurs réponses et présenter leurs
arguments de la façon la plus favorable à leur
cause. S'il en a été ainsi, on conviendra que ce n'é-
tait pas là cette parfaite égalité de traitement à laquelle tous les intérêts avaient droit.

Rien, d'ailleurs, de plus curieux que les rapports
faits par les délégués que les Chambres de commerce de l'Angleterre avaient envoyés à Paris.
Tous sont unanimes pour reconnaître l'excellent
accueil qu'ils ont reçus, tous expriment l'espoir
d'obtenir des tarifs favorables aux intérêts qu'ils
représentaient.

Il ne faut pas croire cependant que l'Angleterre
témoignât ouvertement sa satisfaction de la manière dont étaient conduites les négociations. On y
est trop habile pour cela. On avait donc imaginé
une tactique en partie double. Si l'*Economist* et les
journaux ministériels avaient pris le rôle du médecin *tant mieux*, le *Times*, qui avait jadis salué le

traité de commerce par des cris de triomphe, avait adopté, pour la circonstance, celui du médecin *tant pis*. C'était lui qui se chargeait d'exhaler les prétendus mécontentements que le traité soulevait en Angleterre.

Voici comment il s'exprimait dans son numéro du 6 juin :

« Nous avons presque honte de confesser la somme d'incrédulités et de remontrances qui nous sont confiées relativement au traité de commerce. On a promis à nos manufacturiers le libre-échange avec la France. Ils entendent parler des concessions qui doivent être faites immédiatement de notre côté. Des nouvelles de cette espèce sont capables de mettre le feu dans l'imagination. Le libre-échange se présente à nos yeux comme un Dieu bienfaisant avec sa corne d'abondance, ses grâces attrayantes, sa route toute pavée de toutes sortes de richesses et les arts et les sciences sur l'arrière-plan. Chacun cherche sa place dans cette brillante inauguration. Beaucoup de nos concitoyens ont envoyé leurs agents, ouvert des correspondances et même des boutiques, à ce que nous avons entendu dire, de l'autre côté du détroit, comptant sur leur industrie et leur génie mécanique pour battre la France malgré les tarifs qu'elle s'était réservés. Mais tandis que tout était fait de notre côté, les expectants ont attendu et attendent en vain. Le tableau de la paix et de l'abondance se ternit sous nos yeux. L'apothéose de M. Cobden tombe en dissolution ; à la place nous reconnaissons ce vieux groupe historique de bourgeois plaidant pour leur vie devant un roi irrité dont quelques-uns invoquent à genoux la pitié.

» Telle est la phase actuelle du traité de commerce, nous n'avons qu'à retourner le tableau si connu des *bourgeois de Calais* et constater ensuite que c'est là que nous sommes arrivés. Les manufacturiers britanniques s'en vont le cœur gros plaider devant les commissaires français, dans une rue écartée de Paris, pour obtenir, non une faveur, mais la vie. Ils seraient trop heureux, nous dit-on, de rester seulement comme ils sont, car dans plusieurs cas le traité de commerce ne s'est pas montré meilleur pour eux que le décret de Berlin, sous un autre nom. En tout cas, ils sont réduits à solliciter la miséricorde comme aucun Anglais n'aime à le faire envers un étranger. M. Cobden, il est vrai, dans des lettres à ses amis intimes, continue à nous assurer que tout va bien ; mais que cette assurance est vaine pour ceux qui voient et sentent que tout va mal...

» Nos manufacturiers sont invités à envoyer des représentants à Paris pour solliciter de bonnes conditions. Ceci provoque cent questions. Pourquoi cette besogne n'a-t-elle pas été faite auparavant, si elle devait se faire ? Auparavant on avait quelque chose à offrir, aussi bien qu'à recevoir, maintenant il faut se présenter les mains vides. Tant que le roi Lear conservait son royaume dans ses mains, il était en mesure de stipuler pour l'entretien de ses serviteurs et de ses chevaux ; mais le traité une fois signé, Gonerville et Regam regardèrent le vieillard et sa suite comme un fardeau qu'ils étaient et les mirent à la porte...

» Ainsi, tout en faisant les plus grands sacrifices, nous figurons devant le monde comme de mauvais négociateurs et des donateurs malgré eux. C'est une histoire commune dans la vie privée que celle d'un homme qui, ayant dévoué sa vie et sa fortune à d'indignes objets de son intérêt, leur fournisse étourdiment l'excuse qu'ils ont longtemps désirée de le négliger, de l'insulter, de le diffamer et, s'il se peut, de l'étouffer. Si le chancelier de l'Échiquier avait, comme simples mesures de finances, proposé et fait adopter toutes les concessions de ce traité, laissant à la France, à l'Espagne, au Portugal, à l'Allemagne, à l'Italie la faculté de suivre notre exemple, si cela leur plaisait, nous ne pourrions pas être dans une pire condition que nous ne le sommes, et si ces États nous avaient regardés comme des fous, au moins ils ne nous auraient pas traités comme des imbéciles, ce que certainement ils auront de prochaines occasions de faire, au moyen des stipulations du traité. »

Est-il nécessaire de faire ressortir l'injustice des plaintes du *Times* ? On aurait pu certes lui répondre que toutes ces plaintes étaient en opposition avec les principes de libre-échange qu'il refaisait gloire de professer. Comment pouvait-il soutenir que l'Angleterre avait tout donné et n'avait rien reçu en échange, lorsque, d'après ses doctrines, le pays qui reçoit des marchandises à plus bas prix qu'il ne les produit est toujours celui qui gagne le plus au marché. Ce n'étaient donc pas, selon ses théories, des concessions que l'Angleterre avait

faites ; c'étaient des avantages qu'elle avait entendu se procurer, et le *Times* n'était pas fondé à
se plaindre de ce que l'Angleterre avait obtenu les
résultats mêmes qu'elle voulait obtenir.

Mais à quoi bon nous arrêter à réfuter les asser-
tions du journal anglais ! il ne s'agissait pas d'autre chose que d'une nouvelle tentative de pression
sur le gouvernement français. Les négociateurs
anglais ne pouvaient-ils pas, l'article du *Times* à la
main, parler de l'impopularité du traité dans la
Grande-Bretagne, montrer les classes industrielles
mécontentes et hostiles, et faire craindre la chute
du ministère Palmerston sous ces attaques renouvelées ? Ainsi le *Times*, dans cette comédie, représentait un personnage, résolu à paraître toujours
mécontent, afin d'arracher sans cesse à sa partie
adverse de nouvelles concessions.

L'enquête commencée le 7 mai, fut terminée à
la fin d'août. Le Conseil supérieur avait tenu 58
séances. Ce nombre peut sembler considérable au
premier abord ; mais il le paraîtra beaucoup moins
si l'on veut réfléchir à l'étendue de la tâche que le
Conseil supérieur avait à remplir. Les enquêtes qui
avaient eu lieu précédemment n'avaient guère porté

que sur quelques industries en particulier. Cette
fois, c'était sur toutes nos grandes industries à la
fois que s'étendait l'enquête, enquête gigantesque
et dont on ne retrouverait aucune analogue dans
le passé. Il s'agissait, pour toutes ces industries,
qui représentaient la presque totalité du travail
manufacturier, d'apprécier leurs conditions de production comparativement à celles des industries
similaires de l'étranger. C'était donc, en réalité,
bien peu de chose que ces 58 séances eu égard au
champ immense qu'une pareille enquête devait
embrasser. Sous d'autres Gouvernements, où l'on
avait la prétention de se livrer à des recherches
approfondies avant de prendre une résolution,
on aurait probablement consacré plusieurs années à une investigation aussi vaste. Mais sous un
Gouvernement auquel on a donné le titre de Gouvernement d'action, on crut avoir beaucoup fait, et
l'on se regarda comme absolument quitte envers
l'industrie natonale.

A peine l'enquête était-elle close, c'est-à-dire le
surlendemain, le *Constitutionnel* en présentait déjà
une appréciation sous le pseudonyme de *Léon
Blacy*. L'écrivain parlait en homme qui avait eu

sous les yeux tous les actes et tous les procès-verbaux des séances du Conseil supérieur. Cela avait
lieu de nous étonner quelque peu. Nous avions cru
jusques-là que cette communication n'avait été obtenue, et dans une mesure plus ou moins restreinte,
que par les correspondants des journaux anglais.
Or, cette fois, l'écrivain raisonnait sur l'ensemble
des informations de l'enquête, en déclarant que
« les procès-verbaux démontraient jusqu'à l'évidence l'impérieuse nécessité de la réforme dont le
Gouvernement avait pris l'initiative. » Mais tout
fut expliqué, lorsque l'on apprit que le pseudonyme
de *Léon Blacy* cachait le nom d'un des commissaires spéciaux nommés par notre Gouvernement,
de même que celui de *Jalabert* avait couvert, au début, dans le même journal, le nom d'un autre commissaire. Nouvelle preuve de l'esprit et des tendances de l'administration dans cette affaire.

Quoiqu'il en soit, l'enquête terminée, le Conseil
supérieur n'avait accompli que la première partie
de sa mission. Il lui restait à tirer les conclusions
des renseignements qu'il avait recueillis, et à formuler les droits qui seraient nécessaires pour sauvegarder l'existence de nos différentes fabrications.

C'était du moins ce que l'on croyait généralement. Mais on va voir quelle marche singulière prirent les travaux du Conseil, à quoi se réduisit désormais son rôle, à quoi se borna son intervention.

Le Conseil supérieur avait interrompu ses travaux après la clôture de l'enquête, afin de permettre à ses membres de prendre part à la session des Conseils généraux qui s'ouvrait au commencement de septembre. Ce ne devait être qu'une suspension de quelques jours. Les membres du Conseil auxquels on avait envoyé tous les procès-verbaux de l'enquête et qu'on avait avertis de se tenir prêts pour le 10 septembre, ne furent convoqués que pour le 15. Ce retard était déjà fâcheux; car, aux termes du traité, le tarif sur les fers et ses dérivés devait entrer en vigueur au 1er octobre; et cependant, arrivés à la date prescrite, on les laissa onze jours sans les réunir! Ce fut seulement le 28, soit deux jours avant l'époque prescrite pour l'application de ce tarif, qu'ils furent enfin réunis.

Pourquoi et dans quel but le Conseil était-il assemblé? C'est ici que nous avons à signaler la position qui lui fut faite, contrairement aux termes du décret qui l'avait saisi de l'enquête, contrairement à ce qu'indiquait la plus simple logique, contrairement à ce que commandait la dignité même de ce conseil composé de notabilités des assemblées politiques, de l'administration, de l'industrie et du commerce.

La mission du Conseil supérieur avait été assez clairement définie par le décret du 11 avril. Si l'on veut s'y reporter, on verra que le Conseil supérieur était chargé de procéder à une enquête ayant pour objet : 1º la constation des prix de vente moyens des objets admis à l'importation, d'après les bases fixées par le traité ; 2º la conversion en droits spécifiques des droits *ad valorem* qui devaient être établis pour chaque article dans les limites fixées par ledit traité.

Le rapport qui précédait le décret s'exprimait d'une façon encore plus explicite. Il déterminait le triple objet de l'enquête dont on chargeait le Conseil. Ainsi, d'après les termes du rapport, *le Conseil devait constater le prix moyen des articles anglais dans les six mois qui avaient précédé le traité ; déduire de cette constatation l'élément à l'aide duquel serait fixée la limite maxima de 30 p. c. dans laquelle devaient se mouvoir les nouveaux tarifs ; enfin recueillir*

tous les éléments propres à déterminer le degré de pro-
tection nécessaire à chacune des branches de notre in-
dustrie et à fixer la quotité des droits spécifiques qui
devaient grever l'importation de chaque article anglais.

Eh bien! nous regrettons de le dire, le Conseil supérieur n'a été appelé à satisfaire à aucune des trois prescriptions du décret. Il n'a pas constaté le prix moyen des articles anglais; il n'a pas fixé la limite maxima de 30 p. c. dans laquelle devaient se mouvoir les nouveaux tarifs et, ce qui est bien plus grave, il n'a eu à déterminer ni le degré de protection nécessaire à nos différentes branches d'industrie, ni la nature et le taux des droits à percevoir.

Qu'on nous permette d'insister sur ce dernier point. Evidemment, d'après les simples indications du raisonnement, d'après les termes du décret et du rapport qui le précédait, le Conseil supérieur du commerce, ayant fait l'enquête, devait compléter son œuvre en se livrant à l'examen approfondi des dépositions. Il devait formuler, dans les limites posées par le traité, les tarifs minima qui, d'après lui, étaient nécessaires pour sauvegarder l'existence des différentes branches de l'industrie nationale. C'était là sa mission essentielle.

Ce n'est pas que nous prétendions dire que le Gouvernement dût être lié par les propositions du Conseil supérieur. Le Gouvernement français et les négociateurs qui le représentaient pour le règlement des conventions complémentaires étaient libres de les modifier. Mais nos négociateurs, saisis de ces propositions, auraient eu du moins des bases pour défendre les intérêts français vis-à-vis des négociateurs anglais. Ils auraient su jusqu'où ils pouvaient aller dans leurs concessions et ils se seraient tenus en garde contre des abaissements de tarifs que notre industrie ne pouvait supporter.

Ainsi, suivant nous, soit qu'on raisonnât d'après la marche logique des choses, soit qu'on s'en rapportât aux termes du décret du 11 avril, le Conseil supérieur devait préparer les tarifs, en restant dans les limites posées par le traité ; la tâche des négociateurs ne devait commencer qu'ensuite, et c'était le travail du Conseil supérieur qui devait servir de base à leurs discussions.

Voilà ce qui aurait dû être ; voici maintenant ce qui s'est fait.

Nous avons dit que les membres du Conseil su-

périeur avaient été invités à se trouver à Paris le
15 septembre ; qu'on les laissa douze jours dans
l'attente, et qu'enfin on les réunit le 28 pour s'occuper du tarif des fers et de leurs dérivés, qui, aux
termes du décret, devait entrer en vigueur le
1er octobre. soit dans deux jours.

Que se passa-t-il dans cette séance ? M. Combes,
commissaire spécial chargé de l'industrie métallurgique, vint lire un rapport qui se terminait par
l'énoncé d'un tarif. Cette lecture faite, M. le ministre du commerce demanda aux membres s'ils
avaient quelques observations à présenter. Il n'y
avait pas de répit. Il fallait se prononcer immédiatement, séance tenante et sur l'heure.

Le procédé, on en conviendra, était inusité, et
nous ne croyons pas que jamais assemblée délibé-
rative ait été mise à pareille épreuve.

Un des membres, M. Cler, Président de la Chambre de commerce du Havre, qu'on n'accusera pas
de tendances protectionnistes, fit observer qu'il
était impossible aux membres du Conseil d'exprimer une opinion sur le rapport et les propositions
qui venaient de leur être présentés ; qu'on devait

leur laisser au moins le temps de les examiner ; qu'en ce qui le concernait particulièrement, il dé-clarait ne pouvoir voter ainsi à l'improviste sur une foule d'articles dont chacun réclamait une étude approfondie, et qu'il demandait que son observation fût consignée au procès verbal.

C'est alors que se révéla la situation étrange que l'on entendait faire au Conseil supérieur.

M. le Ministre du commerce répondit à M. Clerc que la nécessité d'appliquer au 1er octobre le tarif sur les fers et leurs dérivés, n'avait pas permis de donner plus de temps au Conseil pour l'examen de rapport et des propositions ; que, pour les autres questions, on s'arrangerait de manière à laisser s'écouler un délai convenable entre la lecture des rapports et la discussion ; mais que d'ailleurs *le Conseil n'était et ne serait appelé à voter sur aucun chiffre.*

A quoi donc se réduisait le rôle du Conseil ? Le voici. Chaque membre pouvait faire les observations qu'il jugerait convenables, et il aurait la satisfaction de voir ses observations consignées dans le procès-verbal. Tout se bornait là. Le reste n'était pas de la compétence du Conseil, et les résolutions à prendre ne regardaient que le ministre qui en assumait seul toute la responsabilité.

Nous avouons franchement que nous avons peine à comprendre comment le Conseil supérieur et les hommes considérables qui le composaient ont pu accepter une semblable situation. Eh quoi! on les avait réunis pour se livrer à des recherches délicates et difficiles, pour entendre les dépositions orales des manufacturiers des divers pays, pour recueillir des renseignements de toute sorte; et, quand ce travail préliminaire était fini, on venait leur dire qu'ils n'avaient pas à s'inquiéter des conclusions à tirer de cette grande information; qu'ils n'avaient pas de propositions à formuler, que cela ne les regardait pas. N'était-ce pas les traiter un peu sans façon et les récompenser singulièrement de leurs longs travaux?

Que devenait d'ailleurs le texte même du décret qui avait convoqué le Conseil supérieur? Le Conseil supérieur n'avait-il pas été chargé par ce décret de constater les prix moyens des articles anglais, de fixer la limite maxima de 30 p. c. pour chacun d'eux, et enfin de réunir tous les éléments qui

pourraient lui servir à déterminer le degré de protection nécessaire à nos différentes branches d'industrie ? Tout ce programme était donc mis de
côté. La mission qui lui avait été attribuée en termes si pompeux, n'avait consisté qu'à siéger pendant cinquante-huit séances autour d'un tapis vert
pour entendre les dépositions des manufacturiers
cités devant lui. C'était bien la peine de rassembler
tant de personnages haut placés, le président et
les vice-présidents du Corps législatif, des séna-
nateurs, le président et le vice-président du
Conseil d'État, des présidents de Chambre de
commerce, des directeurs généraux de nos admi-
nistrations centrales, pour faire une pareille besogne !

Ainsi le Conseil supérieur n'avait pas même
obtenu les pouvoirs et rempli l'office de ces commissions purement administratives que le gouvernement nomme à chaque instant pour élucider
telle ou telle question. Ces commissions, en effet,
ne se bornent pas à rassembler des documents, à
colliger des faits. Quand elles ont procédé à cette
instruction préparatoire, elles examinent, elles dis-
cutent les éléments qu'elles ont réunis, et elles

formulent une proposition, que le gouvernement est libre d'adopter, de modifier ou de rejeter, mais qui résume les travaux, les débats et l'opinion finale de ces commissions.

Or, ce que font les simples commissions admistratives, on avait dénié au Conseil supérieur le droit de le faire. On l'avait convoqué pour écouter des dépositions, rien de plus. Quant à l'opinion qu'il avait pu se former, en assistant à cette vaste enquête, on ne se souciait pas de la connaître ; on ne la lui demandait pas ; on ne voulait même pas la savoir.

Pourquoi donc a-t-on agi de cette manière avec le Conseil supérieur? Pourquoi ne lui a-t-on pas permis d'accomplir intégralement la mission qui lui avait été confiée? Pourquoi n'a-t-on pas voulu l'appeler à émettre des votes et à formuler des propositions?

Nous ne pouvons répondre à ces questions que par des hypothèses. Il nous semble toutefois que la véritable raison n'est pas difficile à trouver. Nous ne ferons, d'ailleurs, que répéter tout haut ce qui se disait tout bas.

Si l'on veut se reporter au tableau que nous avons donné de la composition du Conseil, on verra que cette composition avait semblé d'abord assurer une majorité aux propositions les plus radicales. En effet, les membres du Conseil étaient, à quelques exceptions près, des réformistes très-prononcés, quand ils n'étaient pas des libre-échangistes comme MM. Michel Chevalier et d'Eichtal. Mais, quelles que fussent leurs tendances, tout portés qu'ils fussent vers les abaissements et les suppressions de tarifs, la plupart des membres n'étaient cependant pas des sectaires animés d'un tel esprit de parti pris, qu'ils dussent fermer les oreilles aux bonnes raisons et surtout aux enseignements des faits.

Il était donc arrivé, ce qui s'est vu presque toujours à la suite des enquêtes, qui ont eu lieu à diverses époques sur notre législation douanière. Les réformistes du Conseil supérieur, se trouvant en présence, non plus de théories économiques, mais de faits essentiellement pratiques, avaient été amenés à reconnaître que l'affaire était plus sérieuse qu'ils ne l'avaient cru au premier abord. En assistant à cette enquête contradictoire sur les forces et les conditions comparatives de l'industrie britanique et de l'industrie française, ils s'étaient peu à peu convaincus de la nécessité d'une protection efficace pour les différentes branches de notre travail national. Aussi ne craignons-nous pas de dire, que, par suite du revirement qui s'était opéré dans leur manière de voir, l'immense majorité des voix, s'ils eussent été appelés à voter, aurait été acquise en général aux propositions les plus modérées, aux tarifs les plus rapprochés du maximum.

Tel est le principal motif qui a été généralement assigné, et qu'il est en effet naturel d'assigner, à la détermination qui fut prise à l'égard du Conseil supérieur; on redoutait des votes avec lesquels il eût fallu compter, et pour éviter cette gêne, on ne trouva rien de mieux que de l'empêcher de formuler ses avis.

Quoiqu'il en soit, la première convention complémentaire, qui régla le tarif des fers et de leurs dérivés, fut signée et promulguée le 29 septembre, pour être mise en vigueur le 1er octobre, soit quarante-huit heures après que le rapport en avait été lu au Conseil supérieur.

Ici se place un incident assez curieux pour que

nous le mentionnions en passant. On vit le *Journal des Débats*, dans un article qui parut le lendemain de cette publication, donner en détail et discuter comme figurant dans le décret toute une série de tarifs, qui s'appliquaient à des objets entièrement distincts de ceux que le décret avait eu pour but de régler, et qui embrassaient la plus grande partie des produits de toute sorte énumérés dans notre Code de douanes. Ainsi, en lisant cet article, on apprenait avec surprise que le décret ne fixait pas seulement les droits sur les fontes, les fers, les tôles et les aciers, mais qu'il renfermait les tarifs d'une multitude de produits qui n'y étaient pas mentionnés, savoir : les métaux autres que le fer, c'est-à-dire le cuivre, le plomb, l'étain, le zinc et le nikel; les ouvrages en métaux; les machines, les outils et les ustensiles de toute sorte ; la coutellerie; la carrosserie et les ouvrages en cuir; les ouvrages en bois, etc., etc. On aurait dit vraiment que le *Journal des Débats* possédait le pouvoir législatif, qu'il avait mission de compléter les tarifs promulgués par le Gouvernement, et même d'en décréter de nouveaux.

Comment se faisait-il que le rédacteur de l'article

eût pu voir dans le décret tant de choses qui n'y étaient pas et qui auraient rempli un décret cinq ou six fois plus long? cela ne pouvait guère s'expliquer que d'une manière : c'est que le rédacteur, en faisant cet article, avait sous les yeux un document autre que le décret.

Si nous relatons cette particularité, c'est pour montrer encore une fois comment, durant toutes ces négociations, les libre-échangistes français ou anglais ont eu la bonne fortune de pouvoir disposer de pièces et de travaux qui restaient secrets pour tout autre. On a vu plus haut que les journaux d'outre-Manche, l'*Economist* entre autres, avaient publié, à diverses reprises, des extraits des procès-verbaux de l'enquête. C'étaient eux qui se chargeaient de nous tenir au courant de ce qui se passait dans l'enquête qui se faisait chez nous. Les libre-échangistes avaient encore eu les précieux avantages de connaître le tarif des fers avant qu'il fût promulgué, et l'organe officiel du *free trade*, en France, l'*Avenir commercial*, publiait ce tarif en même temps que le *Moniteur*. Mais, cette fois, c'était plus fort; le *Journal des Débats* se chargeait de promulguer une immense série de dispositions

douanières qui n'avaient pas même reçu l'approbation de qui de droit, et qui ne devaient paraître que
quelques semaines plus tard. Heureux libre-échangistes que l'on choyait avec une si tendre prédi-
lection, et qui, si grands ennemis qu'ils fussent
des priviléges, n'en profitaient pas moins, avec un
empressement tant soit peu compromettant, de celui qu'on leur accordait dans cette circonstance.

A peine le tarif des fers était-il promulgué, que la
presse anglaise toute entière s'empressait d'applau-
dir à ce qu'elle voulait bien considérer seulement
comme un premier pas; elle était contente du présent, mais elle comptait plus encore sur l'avenir.

Parmi les journaux qui s'exprimaient ainsi, nous
devons citer le *Times*, l'*Économist*, le *Manchester-
Guardian*. Nous ne pouvons les citer tous; nous
nous contenterons de faire quelques emprunts au
Times qui, comme on le sait, est l'organe le plus
accrédité du commerce de la Cité et qui, n'ayant
plus d'intérêt à attaquer le traité de commerce,
oublia tout ce qu'il en avait dit peu de temps auparavant; voici d'abord en quels termes il exposa
l'impression causée à la bourse de Londres à la
première lecture du *Moniteur* :

« Le *Moniteur* d'hier contenant le décret attendu, relativement aux modifications dans les droits applicables à cette date, a été à la Bourse le sujet principal de l'attention parmi tous les intérêts directement ou indirectement attachés à cette branche de l'industrie nationale. Plusieurs des grands manufacturiers et agents ayant été consultés sur chaque degré de la préparation de l'échelle, on doit présumer qu'au total il satisfait leurs espérances. »

Le *Times* disait encore, le lendemain dans son article de bourse : « Le nouveau tarif, pour le fer et les articles manufacturés qui en dépendent, a été, autant qu'on en peut juger, reçu avec satisfaction par le commerce ; naturellement on aurait voulu que les droits fussent encore plus abaissés, mais, au total, l'impression est favorable, et, en 1864, il y aura une nouvelle réduction d'environ 15 p. c. »

Le même jour, le *Times* consacrait aux dispositions du tarif un article de fond dont nous reproduisons les principales parties :

« Le traité de commerce avec la France, disait-il, presque oublié au milieu du trouble des événements italiens, apparaît de nouveau et se montre comme une cheminée de manufacture, aperçue à distance à travers la fumée d'une bataille. Cette longue négociation touche à sa fin, et nous allons entrer dans ce *millenium* commercial pour lequel l'école de Manchester est plus enthousiaste que Manchester lui-même. Le *Moniteur* publie la première partie du nouveau tarif; il concerne entièrement les métaux produits par le Royaume-Uni ; Napoléon, quoique désireux, dit-on, d'inaugurer les principes du libre-échange avec tous les pays, se contente pour le moment de réaliser les conditions du traité et de permettre l'entrée des marchandises anglaises. Le tarif est, à coup sûr, une grande amélioration de l'ancien; c'était dans la branche des métaux que l'esprit de prohibition régnait complètement en France. Les gouvernements des quarantes dernières années, semblaient s'être imaginé que la grandeur nationale dépendait en quelque sorte du nombre et de l'habileté de ses ouvriers en fer. L'Angleterre, riche par sa houille et par ses minerais, l'Angleterre voulait supplanter les *manufactures de tous les autres pays* ; il était nécessaire d'empêcher la ruine des fonderies françaises et la suppression d'une branche d'industrie indispensable pour la défense du pays.

» Ainsi, nous avons vu en France, pendant deux générations, un système de règlement douanier plus digne du Japon ou du Paraguay que d'une des puissances continentales les plus éclairées. Presque toute espèce d'article manufacturé en fer, en acier, en cuivre, était chargé de droits qui le rendaient inaccessible au consommateur français. L'acier non manufacturé lui-même payait, il y a encore peu d'années, un droit qui ne permettait pas au public d'être approvisionné des meilleurs matériaux du dehors. Ce qu'est un couteau français ou une paire de ciseaux français, nous n'avons pas besoin de le rappeler à nos lecteurs. Les voyageurs intelligents se sont souvent émerveillés qu'un peuple s'obstinât d'année en année à se servir de semblables outils, lorsqu'un pays voisin était prêt à lui fournir les plus parfaits du monde ; et il est encore plus étrange que cela pût provenir, non d'ignorance, mais de perversité financière. En fait, la coutellerie est un des articles qui ont été totalement prohibés en France. Comme les éditions contrefaites, un paquet de couteaux pouvait être saisi à l'entrée et confisqué en dépit de toute offre de la part de ceux qui voulaient des instruments qui pussent couper. La coutellerie pourra

désormais entrer à un droit modéré, le minerai de
fer entre en franchise, les droits sur les fontes et
les aciers en barre sont diminués de moitié; mais
le changement le plus important peut-être, est l'admission à un droit modéré des objets manufacturés
en fonte qui étaient précédemment prohibés. Dans
toutes les branches de l'industrie et de l'économie
domestique, ce sont les objets de première nécessité, et la fabrique du millionnaire aussi bien que
la chaumière du paysan a jusqu'ici payé sa taxe aux
monopoleurs des forges françaises, sous la forme
de prix exorbitants pour des qualités inférieures.
Le tarif entre en vigueur dès le premier de ce mois;
en 1864, il sera réduit de nouveau, et quoique alors
les Français seront loin du libre-échange pour le
fer, il n'est pas douteux que l'aisance du peuple ne
soit largement accrue, et que d'autres branches
d'industrie ne reçoivent des forces par la baisse du
prix de ces objets de première nécessité. »

Ainsi l'Angleterre, prenant en pitié le sort de notre population, réduite à se servir de couteaux et
de ciseaux si détestables, espérait pouvoir nous
fournir désormais notre coutellerie, notre taillan-
derie, notre quincaillerie et tous ces articles manu-

facturés en métal qui composent aujourd'hui l'arsenal du ménage.

Mais tout n'était pas fini. Il restait à régler le tarif d'une foule d'articles bien autrement considérables qui devait faire l'objet des autres conventions complémentaires. Le conseil supérieur reprit ses séances et poursuivit le singulier travail auquel on l'avait convié. Les commissaires spéciaux, que M. le Ministre du commerce avait investis de la mission de résumer les enquêtes et de proposer des tarifs sur les autres industries, vinrent successivement faire leurs rapports au conseil ; on en devisa, ceux-ci parlant dans un sens, ceux-là dans un autre; en un mot, tout se passa en simples conversations, dont, comme on va le voir, il fut fait assez peu de cas.

D'après ce qui avait transpiré des séances du Conseil supérieur et des opinions émises par la plupart des membres qui avaient pris la parole, l'industrie était convaincue que la seule chose qui pouvait arriver était que les droits proposés par les commissaires spéciaux du gouvernement fussent augmentés.

Aussi, quelle ne fut pas la profonde stupeur des industriels quand ils apprirent que le travail de ces commissaires était lui-même mis de côté, comme s'il n'avait été fait que pour amuser le Conseil supérieur, que pour avoir l'air de lui soumettre quelque chose avant de le renvoyer !

Voilà où l'on en était successivement arrivé. On avait commencé par enlever au Conseil le droit de formuler les conclusions de l'enquête qu'il avait faite. Mais restaient encore les rapports et les propositions des commissaires spéciaux, ainsi que les observations auxquelles ils avaient donné lieu dans le sein du Conseil. Eh bien ! ces rapports, ces propositions, ces observations, tout cela était trouvé trop gênant ; on rejetait tout ce bagage et l'on reprenait la négociation avec les Anglais, non pas d'après les bases posées par les commissaires spéciaux et soumises au Conseil, mais absolument comme au mois de janvier, absolument comme s'il n'y avait eu ni enquête, ni rapports, ni séances du Conseil supérieur.

M. le ministre du commerce détermina autocratiquement, en dehors de ce simulacre de consultation, le degré de protection qui serait laissé aux

diverses branches de notre industrie nationale. Il
fixa en conséquence, d'accord avec M. Cobden, le
quantum pour cent de droit à établir sur chaque
classe des produits anglais, en l'abaissant au-dessous du prix soumis au Conseil supérieur par ses
propres commissaires. Nous devons même ajouter,
que s'il faut s'en rapporter à des bruits qui étaient
alors généralement répandus, la détermination de
ce quantum avait été réglée et convenue entre les
deux négociateurs, avant qu'on ne procédât à l'enquête et qu'on ne réunît le Conseil supérieur ; ce
qui certes n'aurait rien d'extraordinaire, puisqu'à
un moment donné on devait laisser de côté tous
ces travaux qui semblaient n'avoir été imaginés
que pour donner une satisfaction apparente à l'opinion publique, et, comme on dit, pour occuper le
tapis.

Quoiqu'il en soit, le quantum pour cent ayant été
ainsi réglé à priori, il restait à convertir les droits
ad valorem en droits spécifiques, au moins en ce
qui touchait les produits qui ne devaient pas être
taxés à la valeur. Et remarquons ici comment les
termes du décret du 12 avril 1860 étaient inter-
vertis. D'après ce décret, on devait d'abord consta-

ter les prix moyens des articles anglais pendant les six premiers mois. Ce n'était qu'après cette constatation faite qu'on devait s'occuper de la conversion des droits *ad valorem* en droits spécifiques. Rien de plus logique. Pourquoi avait-on établi cet ordre? parce que, si l'on eût commencé par fixer en principe le quantum pour cent, les Anglais, en apportant des prix inférieurs aux prix réels de leurs produits, auraient ainsi obtenu des droits spécifiques qui n'eussent pas représenté la protection qu'on aurait voulu accorder à notre industrie. Voilà ce qu'on s'était proposé d'éviter par l'ordre des opérations, tel que l'avait tracé le décret du 12 avril. Mais il devait en être de ces règles comme de tout le reste; on finissait par où l'on aurait dû commencer, et l'on vit alors la porte s'ouvrir à toutes les manœuvres qu'il eût été si facile de déjouer en suivant la marche commandée à la fois par la nature même des choses et par les prescriptions du décret.

La conversion des droits *ad valorem* en droits spécifiques devait s'opérer par les soins des négociateurs, avec l'aide des commissaires spéciaux nommés par les deux Gouvernements. Or, c'est ici que se dévoile toute l'habileté britannique. Il est vrai qu'on lui faisait beau jeu.

Certes, M. Cobden possédait la matière industrielle assez bien pour pouvoir défendre convenablement les intérêts de ses compatriotes. Mais, comme les hommes véritablement instruits, il ne se laissa pas aller à une vaine infatuation, et il voulut se mettre à l'abri de toute chance d'erreur. Il appela donc de nouveau près de lui les manufacturiers délégués par les Chambres de commerce des principaux centres industriels de l'Angleterre, pour l'assister de leurs conseils pratiques et pour lui donner les renseignements dont il pourrait avoir besoin dans le courant de la négociation.

Il n'y avait là rien que de très-légitime, et nous ne saurions désapprouver les précautions que prenait M. Cobden pour défendre en parfaite connaissance de cause l'intérêt qu'il représentait. Mais nos industriels, n'avaient-ils pas sujet d'être alarmés, lorsqu'ils voyaient que les négociateurs français n'appelaient aucun fabricant pour leur rendre le même service, pour les éclairer sur les détails techniques qu'ils pouvaient ignorer ? La partie assurément n'était pas égale. Tandis que les négociateurs anglais, forts du concours des hommes spéciaux, ne consentaient aucun tarif qu'ils n'en eussent discuté et apprécié les conséquences, les négociateurs français restaient exposés à laisser passer des chiffres ou des conditions dont ils n'avaient pas saisi toute la portée.

Nos manufacturiers s'alarmèrent encore plus de cette situation, lorsqu'ils apprirent que des fabricants, délégués par les Chambres de commerce anglaises, étaient admis dans la salle même des négociations. Le fait ne saurait être révoqué en doute. M. Mulholland, de Belfast, a déclaré, dans une lettre rendue publique et reproduite par le *Moniteur industriel* du 8 novembre 1860, qu'il avait été introduit par M. Cobden dans la salle des négociations au ministère des affaires étrangères et qu'il avait eu le champ libre pour y soutenir les prétentions de l'industrie anglaise. Une déclaration analogue a été faite par M. Hagy, délégué de la Chambre de commerce de Manchester, dans son rapport à cette Chambre ; il y raconte que, conduit par M. Cobden, il a eu plusieurs conférences avec M. E. Baroche, commissaire français pour les cotons, et qu'il a été admis ensuite dans la salle des séances où il a pris place à la même table que M. le Ministre du commerce qui l'a traité avec la bienveillance la plus flatteuse.

Ajoutons, comme contraste à cette condescendance inusitée envers les Anglais, que, quelques-uns des commissaires spéciaux de notre Gouvernement s'étant permis dans ces séances de défendre plus ou moins énergiquement leur opinion, le libéral M. Cobden réclama contre la participation active qu'ils prenaient aux débats, en déclarant qu'il ne connaissait d'autres négociateurs français que M. le Ministre du commerce et M. le Ministre des affaires étrangères.

On comprend quelle émotion la connaissance de ces faits causa parmi nos industriels ; nous devons même dire qu'ils en furent profondément blessés. Quelques-uns d'entr'eux firent alors des démarches et offrirent leurs services pour replacer les négociations dans des conditions moins inégales ; ils ne réclamaient qu'impartialité et justice ; ils ne demandaient qu'une chose, c'était de pouvoir faire connaître leurs déclarations à côté des déclarations des délégués anglais.

Tout conseillait certainement d'accueillir une

demande aussi légitime ; car, nous le répétons, les droits ayant été fixés à *priori* à tant pour cent de la valeur des produits anglais, il y avait un intérêt de premier ordre à établir nettement les prix réels de ces produits ; supposez que les Anglais parvinssent à faire admettre des prix inférieurs aux prix véritables, la protection se trouvait diminuée d'autant pour l'industrie française, et elle descendait au-dessous de celle que croyaient accorder les négociateurs français.

Cependant cette tentative ne fut pas plus heureuse que toutes les autres ; on ne s'en rapportait qu'au dire des délégués britanniques, on n'avait foi qu'en leurs paroles, et ils en profitèrent, comme cela devait être, pour faire accepter par les négociateurs des prix inexacts ou fictifs.

Ainsi, en plusieurs circonstances, des industriels français étant parvenus à avoir connaissance des valeurs déclarées par les Anglais, il ne leur fut pas difficile de reconnaître et de prouver que ces prix étaient erronés. Par exemple, en ce qui concerne les cotons filés, M. Cobden avait donné le prix de deux qualités ; or, les industriels français ont établi que ce qu'il appelait la deuxième qualité n'exis-

tait pas ; que, par exemple, il donnait fr. 2-18 le
kilog., pour valeur moyenne de la deuxième qualité du n° 26 à Manchester, et que les prix courants
de Manchester, relatant les prix de douze qualités
différentes du n° 26, cotaient pour la plus basse
qualité fr. 2-50, soit 15 p. c. au-dessus du prix indiqué par M. Cobden. Il en était de même des numéros fins. Ce que M. Cobden appelait première
qualité n'était que de la demi-chaîne ou de la
trame. M. Cobden laissait de côté, on comprend
pourquoi, les prix de la chaîne qui forme en importance les trois cinquièmes au moins de la production de la filature. M. Cobden cotait 5 shellings
pour prix de la première qualité du n° 150, qui valait réellement 7 shellings 7/12. Les industriels
français ont démontré tout cela par des documents
irrécusables, notamment par des originaux de factures de M. Houldsworth, l'un des principaux filateurs de Manchester.

L'inexactitude des déclarations anglaises, pour
employer un mot poli, était manifeste ; mais M. le
Ministre du commerce ne s'y est pas arrêté, et il
n'en a pas moins donné raison à M. Cobden, ainsi
que le prouvent les chiffres fixés pour les droits

des cotons filés qui ne représentent pas plus de 8 p. c. de valeur des cotons filés anglais, tandis que M. E. Baroche avait proposé au Conseil 13 à 14 p. c.

Les chiffres donnés pour l'industrie linière n'étaient pas plus exacts. Là encore, M. le Ministre ayant fixé le *quantum* des droits à 10 p. c. sur les fils, à 15 p. c. sur les toiles, les négociateurs des deux nations avaient la mission d'établir les valeurs anglaises des fils et des toiles. Cette fois les négociateurs français se firent aider pour les gros numéros par M. Dikson, Anglais, filateur à Dunkerque, et pour les numéros fins par M. Bertrand, fabricant de tissus de lin à Cambrai. Il fut facile à ces manufacturiers de prouver l'inexactitude des déclarations anglaises. Par exemple, pour la deuxième classe de fils, celle des fils ayant de 6 à 12,000 mètres au kilog., M. Dikson établit clairement que le chiffre de fr. 1-57 donné par les Anglais comme valeur du lin filé ne représentait même pas la valeur du kilog. du lin peigné avant son entrée dans la filature, et que le chiffre véritable était de fr. 1-95. De même, pour les numéros fins, les Anglais présentèrent des prix que M. Bertrand, les factures anglaises en main, démontra être très-inférieurs aux prix réels. Ce qui n'empêcha pas cependant que, malgré ces preuves, les déclarations anglaises servirent en grande partie de bases à la fixation des tarifs.

Enfin, pour le linge de table damassé, les Anglais avaient donné des valeurs tellement faibles, que les industriels français, en ayant eu accidentellement connaissance, ne demandèrent que huit jours pour en démontrer la fausseté. Avant ce terme, ils remettaient entre les mains de M. le commissaire-général de l'enquête une collection complète, avec factures originales, d'échantillons valant 3,000 francs et représentant tous les types de la fabrication anglaise. Qu'en résultait-il ? que les Anglais s'étaient trompés, ou avaient cherché à tromper de plus de 50 p. c. dans les prix qu'ils avaient produits. L'erreur était encore ici manifeste ; mais M. Cobden ne voulut pas se rendre à l'évidence, refusa d'admettre les preuves incontestables qui lui étaient présentées, et persista à soutenir les valeurs données par les fabricants anglais.

Les négociateurs des deux nations ne pouvant s'entendre, quel était le parti à prendre ? Il ne sem-

blait pas pouvoir exister le moindre doute à cet
égard. Le cas avait été prévu par l'article 13 du
traité qui portait que, lorsqu'on ne tomberait pas
d'accord sur un tarif, la perception des droits serait faite conformément aux bases établies dans
l'article 1er, c'est-à-dire sur le pied du droit maximum *ad valorem*.

Nous ne pouvons mieux faire que de rappeler les
déclarations importantes, faites à cet égard, par
M. le président du Conseil d'État devant le Corps
législatif, et reproduites, par M. Dumas, dans son
rapport au Sénat.

Voici comment s'exprimait M. le président du
Conseil d'État :

« Le Conseil du commerce va entendre des personnes compétentes sur la situation des diverses
industries, sur les droits qui doivent protéger leurs
produits ; puis les plénipotentiaires des deux pays
se réuniront. Il y aura débat ; sur tel point, par
exemple, la France proposera 25 francs et l'Angleterre demandera 15 francs. On se mettra ou on ne
se mettra pas d'accord. Il pourra arriver que l'on ne
s'entende pas sur un article. Alors que se pas-

sera-t-il ? Ce sera le cas d'appliquer le dernier paragraphe de l'article 13 qui porte : « Toutefois la perception des droits sera faite conformément aux bases ci-dessus établies, c'est-à-dire, ajoutait M. le président du Conseil d'État, interprétant le traité, c'est-à-dire, en maintenant le *maximum* du droit *ad valorem*. »

Mettant plus loin en parallèle le traité passé avec la Belgique et celui que la France vient de signer avec l'Angleterre, M. le président du Conseil d'État reproduisait cette interprétation. Il a été stipulé, disait-il, que si on ne se mettait d'accord sur un point, le *maximum* du droit *ad valorem* continuerait à être perçu pendant toute la durée du traité.

« Ainsi, concluait M. Dumas, après avoir rappelé les paroles du président du Conseil d'État, ainsi dans le cas où la convention ne serait pas signée, le droit sur tous les objets anglais sera de 30 p. c. ; si elle est signée et que sur quelques articles seulement on ne se soit point accordé, ceux-ci payeront 30 p. c. à l'entrée. »

Le texte du traité était positif, les déclarations étaient formelles, et certes, en présence de l'opiniâtreté des négociateurs anglais à soutenir des allégations qui étaient entachées de fausseté, M. le Ministre du commerce devait exiger l'application de l'article 13, c'est-à-dire mettre le droit *maximum* de 30 p. c. sur le linge damassé.

Mais il était écrit qu'on se montrerait d'autant plus facile que les Anglais se montreraient plus exigeants ; on laissa de côté tout à la fois et l'article 13 et les engagements pris par M. le président du Conseil d'Etat devant le corps législatif et devant le Sénat ; on se contenta de fixer le droit sur le linge damassé à 16 p. c. de la valeur, soit à environ la moitié du maximum.

Nous avons insisté sur ces faits et sur ces exemples parce qu'ils indiquent nettement de quelle manière et dans quel esprit les négociations furent conduites. L'intérêt anglais a été défendu avec une énergique persévérance par M. Cobden assisté des délégués des principaux centres manufacturiers de la Grande-Bretagne. Quant à l'intérêt français, il n'a eu d'autres défenseurs que M. le Ministre du commerce, qui, dans toutes les réclamations présentées par les manufacturiers français, ne voyait que des manifestations *égoïstes*. Les négociations, dans des conditions semblables, pouvaient-elles produire autre chose que ce qu'elles ont produit ?

Les deux nouvelles conventions complémentaires destinées à régler l'exécution du traité de commerce, furent signées, l'une le 26 octobre, l'autre le 16 novembre. La première concernait les métaux bruts, les ouvrages en métaux, les outils, les machines, les ouvrages en bois, les bâtiments de mer, les meubles, les sucres raffinés, etc.; la seconde s'appliquait plus particulièrement aux tissus, aux produits chimiques, à la verrerie, à la cristallerie et à la poterie.

A vrai dire, la publication de ces conventions ne nous apprit rien que nous ne connussions déjà par les journaux anglais. En effet, les journaux anglais, avec le constant privilége dont ils ont joui depuis le début jusqu'à la fin des négociations, nous avaient tenus au courant de tout ce qui se passait dans les conférences qui avaient lieu à notre ministère des affaires étrangères. La promulgation des conventions ne fit que donner la forme officielle aux tarifs que la presse britannique nous avait annoncés.

On comprend, d'ailleurs, ce que pouvaient être

et ce que furent en effet des conventions négociées
avec les tendances et suivant les procédés que nous
avons exposés dans tous leurs détails.

Le *Journal des Débats* lui-même, c'est tout dire,
s'en montra satisfait, à tel point que ses éloges
ressemblaient fort à des épigrammes. Il entonna
un dythyrambe à sa manière. « *C'est même plus libéral*, s'écriait-il, que ce qui avait été promulgué,
particulièrement pour la portion qui traite des fers.
Le tarif nouveau, ainsi complété, porte profondément
l'empreinte de cette pensée d'intérêt public qui depuis longtemps semblait effacée de l'esprit du législa-
teur, à savoir que le premier et le plus respectable des
intérêts est celui du consommateur, que la production est faite pour la consommation, etc. »

Il faut reconnaître, en effet, que les principes
économiques du *Journal des Débats* avaient obtenu
encore plus de succès dans la dernière convention.
C'était, suivant ses expressions, plus libéral que ce
qui avait été déjà promulgué, plus libéral surtout
que le tarif sur les fers qui cependant l'était passa-
blement. On avait été un peu gêné, en ce qui concerne les fers, parce que la base du tarif avait été
fixée d'avance par le traité lui-même; alors qu'on

ne s'était pas encore si fortement imprégné de ce que le *Journal des Débats* appelait une grande pensée d'intérêt public, pour ne pas nommer le libre-échange. Or, on ne rencontrait plus cette fois d'entraves d'aucun genre ; et puis on s'était enhardi, on ne craignait plus d'arborer hautement ses principes, et l'on se livrait sans contrainte à toutes ses aspirations.

Dirons-nous, maintenant, comment et avec quelle joie ces conventions furent accueillies en Angleterre. Ce fut une acclamation générale. Le *Times*, qui s'était donné la mission d'attaquer le traité de commerce pendant que les conventions complémentaires se négociaient, triompha modestement ; on n'avait pas obtenu sans doute tout ce qu'il aurait voulu ; cependant les tarifs lui semblaient de nature à favoriser un grand trafic entre les deux pays. Mais les feuilles spéciales furent plus explicites, et, pour donner un échantillon de leur style, nous nous contenterons de citer les paroles suivantes empruntées à l'*Economist* :

« La confrérie protectionniste est dans la consternation, parce que la réforme effectuée va fort au-delà de ce qu'elle croyait possible. Les amis de la liberté

commerciale sont enchantés dans la même proportion. Aux yeux de ces derniers, le nouveau tarif
fait le plus grand honneur à M. Michel-Chevalier
et à M. Rouher, Ministre du commerce, par qui il
a été négocié ; à coup sûr, c'est une mesure hardie
et vigoureuse à l'égard de la France, et, il y a deux
ou trois ans, elle eût été traitée comme un rêve des
plus insensés. »

Enfin, les chambres de commerce des principales
cités industrielles de l'Angleterre témoignèrent de
leur allégresse en votant, dans de nombreux mee-
tings, des adresses de remerciement à M. Cobden.
Nous donnerons dans le chapitre suivant quelques
extraits de ces adresses qui serviront à faire ressortir toute la satisfaction que la publication des nouveaux tarifs avait causée aux différentes industries
de la Grande-Bretagne, notamment à celles qui em-
brassent la fabrication des tissus. Toutes s'accor-
dent à exprimer l'espérance de voir désormais notre
marché abondamment approvisionné en marchandises anglaises.

Nous n'avons pas entendu dire que nos négociateurs aient obtenu le même succès en France, et
nous ne sachons pas qu'à la suite de la promulga-

tion des conventions complémentaires, nos Chambres de commerce ou des manufactures, aient voté des félicitations à MM. Rouher et Michel-Chevalier.

Voilà comment ont été négociées les conventions complémentaires. L'enquête n'a été qu'une vaine formalité. Le Conseil supérieur qui l'avait faite n'a joué aucun rôle dans la détermination des droits. Les tarifs ont été fixés même au-dessous de ceux qu'avaient proposés les commissaires spéciaux, bien que cependant les conversations, qui s'étaient engagées dans le Conseil supérieur, après la lecture des rapports des commissaires, eussent suffisamment montré qu'il les trouvait insuffisants. On n'a tenu compte de rien, et les conventions complémentaires ont été faites, comme le traité de commerce lui-même, contrairement à toutes les opinions qu'on avait pu recueillir.

LES TARIFS

Après avoir montré, dans le chapitre précédent, comment et de quelle façon furent négociées les conventions complémentaires qui ne devaient, ou du moins qui n'auraient dû être autre chose que la mise à exécution du traité, il nous faut maintenant examiner, en ce qui concerne les principaux produits, la nature et le taux des tarifs arrêtés dans ces conventions.

La question qui fut soulevée d'abord était celle de savoir suivant quel mode seraient établis les tarifs : serait-ce au poids ou à la valeur?

On a vraiment peine à comprendre qu'il ait pu naître le moindre doute sur ce point.

Le texte du traité n'était-il pas formel? L'article 13 disait que les droits *ad valorem*, établis dans la limite fixée par les articles précédents seraient convertis en droits spécifiques par une convention complémentaire à intervenir. Il allait plus loin ; il fixait la base de la conversion, et il stipulait qu'on prendrait, pour cette opération, les prix moyens pendant les six mois qui avaient précédé la date du traité. Il n'admettait les droits *ad valorem* que pour les articles dont les droits spécifiques n'auraient pu être réglés d'un commun accord, auquel cas, d'après les déclarations mêmes de M. le président du Conseil d'État, les droits *ad valorem* seraient fixés au maximum.

Il n'y avait certes là aucune équivoque. L'expression était aussi claire que la pensée elle-même. Enfin, MM. Rouher et Baroche, expliquant dans leur rapport à l'Empereur, les motifs qui avaient présidé à la rédaction de cet article, avaient dit : « Les négociateurs des deux puissances ont compris combien était incertain et délicat pour le commerce ce mode de perception (*ad valorem*) ; ils ont donc stipulé qu'une convention complémentaire convertirait les droits *ad valorem* en droits spécifiques avant le 1er juillet 1860. Nous devons espérer que l'accord s'établira sur tous les articles, au moins sur presque tous, et que dès-lors les perceptions de droits à la valeur ne constitueront dans nos tarifs que *la plus rare exception.* »

D'ailleurs, nous le répétons, M. le président du Conseil d'Etat avait déclaré, tant au Corps législatif qu'au Sénat, que, dans les cas où cet accord ne s'établirait pas, ce serait le droit au maximum de 30 p. c. qui serait établi *ad valorem.*

Le Gouvernement français avait donc, en stipulant la conversion des droits *ad valorem* en droits spécifiques, voulu donner au moins à l'industrie française une garantie contre les abus, si faciles à pratiquer, sur des déclarations de valeur.

Cependant malgré le traité et malgré les commentaires du rapport, telle était la condescendance envers les demandes des Anglais, que les défenseurs de notre industrie durent soutenir une longue campagne contre les droits *ad valorem* dont nos voisins réclamaient l'application générale.

Les chambres de commerce de toutes les grandes cités industrielles de l'Angleterre, de Birmingham, de Manchester, Leeds, Belfast, Halifax, Huddersfield, etc., etc., prirent résolutions sur résolutions pour faire prévaloir ce mode de perception. « Il faut remuer ciel et terre, disait-on naïvement, pour empêcher qu'il y ait conversion des droits *ad valorem* en droits spécifiques. »

L'emportement fut si grand que M. Cobden crut devoir le modérer. Ainsi, dans une lettre adressée le 12 mai 1860 à un de ses amis de Manchester et publiée par le *Times*, il s'exprimait ainsi :

« Je suis aussi fortement que qui que ce soit, à Manchester, en faveur du principe des droits *ad-valorem*. Mais presque tous les pays de l'Europe ont, par des raisons de convenance et pour éviter les fraudes, préféré les taux spécifiques, et l'on ne peut déterminer le Gouvernement français à prendre pour règle le système *ad valorem*. Cela même n'est pas invariablement désirable. Par exemple, s'il s'agit du fer et de quelques autres articles, le producteur anglais préfère les taux spécifiques. Dans les marchandises qui sont par elles-mêmes simples et uniformes et susceptibles d'une classification facile, tels que les fils de laine et les cotons unis, quoique les droits *ad valorem* fussent préférables, l'adoption des taux spécifiques ne présentera pas de grands inconvénients. S'il est des articles d'un caractère si divers et si mélangés qu'ils défient la classification, le traité a pourvu à ce qu'il fût procédé pour eux d'une manière exceptionnelle. .

» L'Angleterre n'est réellement pas en état de dogmatiser sur cette question ; le Gouvernement français connaît natuellement que notre propre tarif contient à peine un droit *ad valorem*, et que, même dans ces dernières années, nous avons cherché à substituer les droits spécifiques aux droits *ad valorem*. »

Cependant les demandes des Chambres anglaises trouvaient chez nous un appui qui ne pouvait leur manquer; ce fut d'abord celui des libre-échangistes ; mais ce qui semblait le plus inquiétant, c'est que les journaux mêmes qui passaient pour recevoir les inspirations du Gouvernement, se mirent à plaider la cause des droits *ad valorem* avec une chaleur, avec une persistance, qui semblaient annoncer un revirement dans les dispositions des négociateurs français.

La discussion se r'ouvrit donc sur le mérite comparatif des droits spécifiques et des droits *ad valorem*, absolument comme s'il n'y avait pas de traité.

Pourquoi les négociateurs avaient-ils décidé que les droits *ad valorem* seraient convertis en droits spécifiques? parce que l'expérience avait prononcé depuis longtemps sur ce point. Au reste, le *Journal des Débats*, après la publication du traité et avant cette nouvelle campagne des libre-échangistes, avait parfaitement développé, dans son numéro du 17 janvier 1860, la pensée et les intentions des négociateurs :

« Les droits à la valeur, disait alors le *Journal des Débats*, donnent lieu à des contestations entre le commerce et les agents de la douane. Le commerce, qui voudrait payer des droits modérés, est porté à évaluer bas les objets qu'il présente à l'entrée; et il ne se fait pas faute de produire à l'appui de sa déclaration des pièces peu sincères. De leur côté, les agents de la douane, en qualité de représentants du fisc, sont en défiance, même devant les déclarations les plus loyales. De là des conflits toujours regrettables, qui ont déterminé l'administration française à n'admettre les droits à la valeur que lorsqu'il est impossible de faire autrement. »

Rien de plus juste. Tandis qu'avec le mode spécifique, il suffit de peser ou de mesurer la marchandise importée pour déterminer le droit auquel elle est soumise, le droit *ad valorem* exige au contraire des connaissances universelles de la part des hommes chargés de l'appliquer, il faut qu'ils sachent le prix de toutes les marchandises de toute nature et de toute qualité. Or, cette universalité de connaissances, que l'on ne rencontrerait pas dans un seul négociant, quelque habile qu'il fût, comment vouloir raisonnablement la demander à un agent de la douane ? c'est donc la porte ouverte à toutes les fausses déclarations de valeur, et sans que la préemption, les amendes puissent en garantir. Les tarifs nominaux ne sont plus que des mensonges.

Quel était l'argument que nos libre-échangistes faisaient valoir contre les droits spécifiques ? C'était que, suivant eux, les tarifications au poids devaient favoriser les produits à haut prix au détriment des produits à bas prix, c'est-à-dire de ceux qui sont consommés par masses. Mais les classifications par catégories ne pouvaient-elles pas être combinées de manière à prévenir de semblables abus ? Les tissus de lin entrent actuellement en France ; or, les toiles d'emballages payent-elles le même droit que les toiles fines ? Que l'on consulte nos tarifs et l'on y verra que les tissus de lin sont soumis à .des droits variables depuis 60 fr. jusqu'à 980 par 100 kilogrammes, en passant par une série d'échelons correspondant aux diverses qualités de toiles. Ainsi la tarification spécifique, au moyen des catégories, peut ménager tous les intérêts.

D'ailleurs, en admettant même que les classifications puissent présenter quelques imperfections de détail, comment mettre les inconvénients qui en résulteraient en comparaison avec les fraudes énormes qu'entraînerait le mode de perception *ad valorem* ?

Est-ce que l'expérience n'avait pas prononcé ?

Parmi les exemples il y en avait un bien frappant, c'est celui du traité de 1786. Il suffit de lire tout ce qui a été écrit sur ce traité, pour reconnaître que, s'il eut des conséquences désastreuses, ce ne fut pas seulement parce que les tarifs étaient insuffisants, mais encore parce qu'établis *ad valorem* ils ne furent en réalité perçus que pour la moitié ou le tiers de leur taux nominal. Etait-ce se montrer trop exigeant que de demander que l'on profitât au moins de cette leçon ?

Mais il n'était même pas nécessaire de remonter si haut. La pratique universelle des nations était là qui se chargeait de trancher la question. Partout, en France, en Angteterre, en Belgique, en Allemagne, la tarification spécifique avait prévalu comme la seule qui pût offrir une garantie efficace dans l'application.

On ne pouvait guère citer qu'un seul pays qui eût adopté les droits *ad valorem;* c'étaient les Etats-Unis; mais ils s'en trouvaient fort mal, en dépit de toutes les mesures qu'ils avaient prises, de toutes les peines qu'ils avaient portées contre les fausses déclarations. Le Président en avait déjà signalé, dans ses messages, les abus et les inconvénients. Il y est encore revenu, dans son dernier message, et avec une nouvelle énergie. Nous en citerons quelques passages :

« Il est maintenant tout-à-fait évident que les nécessités financières du gouvernement demanderont une modification de tarifs, durant la présente session, dans le but d'augmenter le revenu. A cet égard, je désire réitérer la recommandation contenue dans mes deux derniers messages, en faveur des droits spécifiques au lieu des droits *ad valorem,* sur tous les articles importés auxquels on peut consciencieusement les appliquer. Je suis convaincu, par expérience et par une longue observation, que les droits spécifiques sont nécessaires, tant pour protéger le revenu que pour assurer à nos intérêts manufacturiers la somme d'encouragement indirect qui résulte inévitablement d'un tarif de douane.

» Comme proposition abstraite, on peut admettre que les droits *ad valorem* seraient, en théorie, les plus justes et les plus égaux. Mais si notre expérience, jointe à celle de toutes les autres nations commerciales, a démontré que de tels droits ne peuvent pas être fixés et recouvrés sans de grandes fraudes sur le revenu, il est alors sage d'adopter les droits spécifiques. Ce doit être le résultat en examinant la nature même du droit *ad valorem*, dont l'inévitable conséquence est de laisser entrer les marchandises étrangères à un taux au-dessous de leur valeur réelle. Le trésor, conséquemment, perd le droit sur la différence entre la valeur fictive et la valeur réelle et se trouve lésé d'autant.

» Les tentations que les droits *ad valorem* présentent à l'importateur déloyal sont irrésistibles.

10.

Son but est de faire passer ses marchandises à la douane en les évaluant au plus bas, de façon, cependant, à ne pas s'exposer à la confiscation. En cela, il réussit trop souvent, malgré la vigilance des fonctionnaires fédéraux. De là, la production de deux factures, l'une pour l'acheteur, l'autre pour la douane ; de là les autres expédients pour tromper le gouvernement. L'importateur honnête produit sa facture au percepteur, déclarant le prix auquel il a acheté l'article. Il n'en est pas de même de l'importateur déloyal et de l'agent des manufactures étrangères. Ici on peut remarquer qu'une très-grande partie des produits importés est consignée pour la vente à des négociants commissionnaires qui jouent le rôle de simples agents des fabricants. Dans ces cas pareils, il n'y a pas eu de vente réelle effectuée sur laquelle on puisse fixer la valeur de la marchandise. Le fabricant étranger, s'il est déloyal, prépare sa facture, non pas en donnant à ses produits leur vrai prix, mais en les fixant au plus bas, de manière toutefois à échapper à la saisie. De cette façon l'importateur déloyal et le fabricant étranger jouissent d'un avantage décidé sur le négociant honnête. Ils peuvent ainsi vendre à meilleur compte et chasser du marché le commerçant intègre. De fait, la pratique de ce système a déjà éloigné des travaux du commerce honorable un grand nombre de négociants consciencieux dont la probité, reconnue dans l'univers, est la gloire de notre pays.

» On trouvera remède à ces maux dans les droits spécifiques, en tant qu'ils sont pratiquables. Ils rendront inutiles à la douane toute enquête sur le coût réel et la valeur de l'article, et ils feront entrer en caisse le montant exact du droit antérieurement fixé par la loi. Ils n'offrent pas de tentations aux estimateurs de marchandises étrangères qui, recevant de petits appointements, peuvent, dans certains cas, se rendre indépendants en cotant des produits au-dessous de leur prix. »

On sait que les demandes du président des États-Unis ont porté leurs fruits. Un nouveau tarif de douanes a été voté par les Chambres américaines. Les États-Unis sont revenus aux droits spécifiques ; mais ils ne se sont pas contentés d'une conversion pure et simple ; les nouveaux droits, considérablement augmentés, représentent une protection qui s'élève moyennement de 20 à 40 p. c.! De telle sorte que, par un contraste bien digne d'attention, tandis

que la France abandonne la politique, en quelque
sorte traditionnelle de la protection, l'Union amé-
ricaine, et précisément la partie la plus libérale de
l'Union, arbore hautement le principe que nous dé-
sertons, ce principe si rétrograde, si arriéré, si
si aristocratique et anti-populaire.

Nous ne pousserons pas plus loin cette discussion.
Il suffisait, d'ailleurs, pour apprécier les motifs
réels des efforts déployés en faveur des droits *ad
valorem*, de voir quels en étaient les promoteurs.
C'étaient, nous l'avons dit, les industriels anglais
et les libre-échangistes français. Or, quel était leur
véritable mobile ? Ils réclamaient les droits *ad valorem*, uniquement parce que ces droits ne sont
jamais perçus que pour une fraction minime de
leur taux nominal. Rien de plus logique. Il était
tout simple que ceux qui ne voulaient d'aucune
espèce de droits se prononçassent en faveur d'un
système dont le résultat infaillible eût été d'abaisser les tarifs bien au-dessous des chiffres qui au-
auraient figuré ostensiblement dans la convention.

Les industriels anglais ne purent faire prévaloir
d'une manière générale la tarification *ad valorem* ;
mais nous devons le constater avec regret, ils par-

vinrent à la faire admettre dans des cas beaucoup trop nombreux, et, s'ils n'obtinrent pas l'abandon de l'article 13, relatif à la conversion des droits, ils s'arrangèrent de façon à ce qu'on en restreignît l'application au détriment de plusieurs branches importantes de notre industrie nationale. C'est ce que nous ferons ressortir plus loin en abordant l'examen détaillé des tarifs.

Si notre industrie nationale est fondée à se plaindre de ce qu'on ait admis le mode de perception *ad valorem* dans beaucoup de cas où l'on eût pu appliquer le mode de perception au poids, elle a été bien autrement maltraitée sous le rapport de la quotité des tarifs et du degré de protection qu'ils lui ont laissée.

Il y avait des industriels qui se fiaient bonnement sur la protection maxima de 30 p. c. qui était indiquée dans le traité de commerce; mais leur illusion ne devait pas être de longue durée, et il ne tardèrent pas à apprendre qu'ils ne devaient pas compter sur un chiffre de protection qui ne semblait avoir été inscrit que pour ne pas trop effrayer de prime-abord.

Un des précurseurs du libre-échange, Bastiat,

avait dit naguères qu'il fallait traiter les industries
protégées comme ces malades qu'on envoie aux
bains de mer et qu'on ne plonge dans l'eau que peu
à peu avant d'y faire passer le corps tout entier.

On leur avait donc parlé d'abord de 30 pour c.,
quitte à en rabattre dans les conventions complémentaires : on leur fit dire ensuite par les journaux
officieux que ce chiffre de 30 p. c. était une exception qui serait sans doute très-rarement appliquée ;
enfin des avertissements successifs leur apprirent
que le taux de la protection serait descendu assez
bas pour permettre une large importation des produits anglais.

Ce fut M. Michel-Chevalier qui, dans son amour
bien connu pour l'industrie nationale, se chargea de
dissiper les espérances qu'elle avait pu concevoir
« Le débat, dit-il, dans une lettre adressée pendant
les premiers jours de février au président du comité
commercial de Bordeaux, le débat s'engagera probablement à l'occasion des maxima de 30 et 25 p. c.
qui sont stipulés dans le traité. Les prohibitionnistes
(c'est le nom que M. Michel-Chevalier affecte toujours de donner aux protectionnistes) proposeront
de fixer à 30 et 25 p. c. les droits spécifiques qu

restent à déterminer, de sorte que le maximum deviendrait la règle commune. Il est clair que de pareils droits, fort élevés pour quelque marchandise que ce soit, sont exorbitants et inadmissibles, même dès à présent, pour certaines catégories d'articles, pour tous ceux, par exemple, qui, ouvrés à demi seulement, tels que les fils de coton et de laine, ont à recevoir encore une élaboration importante. De même pour les outils et les machines. »

Le rapport publié en mars, à la suite de la promulgation officielle du traité, par MM. Rouher et Baroche, confirma, en quelque sorte, les paroles de M. Michel-Chevalier. Voici ce qu'on y lisait : « Nous n'hésitons pas à dire, dès l'abord, que pour le plus grand nombre des articles énumérés dans le traité, l'application de ces limites *maxima* serait absolument inutile, stériliserait les pensées de réforme proclamées par Votre Majesté, et substituerait à la levée des prohibitions des droits protecteurs qui n'en seraient que la puérile synonymie. »

Ainsi on déclarait, sans plus attendre, que le maximum de 30 p. c., réductible à 25 p. c. en 1864, ce maximum, dans lequel l'industrie avait cru voir une dernière sauvegarde, ne serait appliqué, s'il l'était, que d'une façon tout exceptionnelle.

Jusqu'à quel point entendait-on pousser l'abaissement des tarifs? Nous vîmes se produire les théories les plus inquiétantes. On posait en principe que les tarifs devaient tout au plus équilibrer les conditions de la lutte; on déclarait en conséquence qu'ils devaient être calculés de manière à permettre au produit étranger de se présenter sur le marché intérieur au même prix que le produit français, et encore ne voulait-on pas prendre pour base le prix-courant tel qu'il résultait des cours officiels, mais un prix de revient qu'on avait la prétention de découvrir. C'était là une doctrine qui pouvait mener loin.

Contradiction singulière! On affectait de dire qu'on ne voulait pas faire de libre-échange, qu'on voulait encore protéger l'industrie nationale. Or, si l'on se contentait d'*équilibrer* les conditions entre les produits français et les produits étrangers, si l'on se bornait à ne pas placer les premiers dans une situation plus désavantageuse que les seconds, si l'on permettait à ces derniers de se présenter sur le marché et d'entrer en lutte à prix égaux, il n'y

avait plus alors de protection, dans la véritable ac-
ception du mot. Les droits établis compenseraient
plus ou moins bien les causes de renchérissement
que notre industrie nationale subit en raison des
conditions économiques, financières ou sociales,
qu'il ne dépend pas d'elle de changer ; mais ils ne
la protégeraient pas. La protection ne commence
réellement que, lorsqu'après avoir déterminé les
droits nécessaires pour mettre les produits des
deux provenances sur le même pied, on les augmente d'une certaine quantité, de façon à donner
une situation plus avantageuse aux produits français.

Et, en effet, du moment que l'action des tarifs
ne ferait que rétablir l'égalité entre les produits des
deux provenances, il n'y aurait pas de raison pour
qu'on n'achetât pas les produits étrangers aussi
bien que les produits français. Ou plutôt il y aurait
une raison pour que les produits étrangers obtins-
sent la préférence. Qui ne connaît l'empire de la
mode, ou, pour nous servir des expressions de Napoléon I⁽ᵉʳ⁾, l'influence de la fantaisie? Nous pourrions citer l'exemple d'un fabricant de cachemires
qui ne peut vendre ses châles à Paris qu'après leur
avoir fait faire un voyage en Angleterre, d'où ils

11

reviennent comme châles de l'Inde. Ainsi, à parité de prix, la mode et la fantaisie se jetteraient sur le produit étranger.

Mais faisons, si l'on veut, abstraction de cette considération, toute importante qu'elle soit. Voilà des produits, les uns étrangers, les autres français, qui se présentent sur notre marché intérieur. Si l'on admet qu'ils sont de même qualité et qu'ils s'offrent au même taux, la conséquence naturelle est qu'ils se partageront également le marché. Nous consommons actuellement pour 700 millions de tissus de coton, l'Angleterre nous en apportera 350 millions, il nous faudra réduire alors notre fabrication à moitié de ce qu'elle est aujourd'hui : c'est-à-dire que la moitié de nos usines se fermeront, et que la moitié des ouvriers qu'elles emploient seront privés de travail et de pain.

Enfin, il faut remarquer que l'équilibre, qu'on aurait établi en s'appuyant sur les prix des temps normaux, se trouverait rompu à notre détriment dans ces moments de crise si fréquents en Angleterre, où les manufacturiers se voient dans la nécessité d'écouler leurs marchandises accumulées, coûte que coûte, en vendant à tout prix. On a toujours rendu justice à la sagesse de notre commerce ou de notre industrie. S'ils marchent fermement dans la voie du progrès, ils ne se jettent pas dans les aventures, ils évitent les excès de spéculations. Il n'en est pas de même de l'industrie britannique; elle s'arrête rarement aux véritables limites ; elle pousse à chaque instant la production au-delà des besoins ; de là les crises, en quelque sorte périodiques, auxquelles elle est en butte, et dont nous devions chercher autant que possible, à nous préserver.

Cette considération prenait plus de gravité encore, lorsque l'on réfléchissait aux proportions colossales de la production anglaise. Nous parlions tout à l'heure de l'industrie du coton. Eh bien ! veut-on savoir ce que sont les moyens de production des fabriques anglaises relativement aux nôtres ? On compte en France environs 6 millions de broches employées à la filature du coton ; on en compte plus de 32 millions en Angleterre ; de telle sorte que les forces productives de l'Angleterre, en ce qui concerne l'industrie du coton, sont cinq ou six fois plus grandes que les nôtres. Et ce que nous disons de l'industrie du coton, on pourrait le dire également de la plupart des industries qui alimentent les exportations britanniques. Or, qu'on abaissât les tarifs de manière à ne faire qu'équilibrer les conditions de la lutte, et l'on verrait, aux moments de crise où les fabricants anglais cherchent à écouler leurs produits, à tout prix, notre marché inondé par le trop plein de cette production colossale. Que deviendraient alors nos industries ? croit-on qu'elles fussent de force à résister à ces secousses violentes qui viendraient la frapper en quelque sorte périodiquement ?

Telles étaient les observations, les conseils, que les industriels cherchaient à faire entendre. Mais c'était en vain. Peut-être aurait-on fini par les écouter, si le Gouvernement français avait conservé, comme il le pouvait, aux termes du traité, la faculté de fixer, par les voies ordinaires, la réduction que les droits pourraient subir au-dessous de 30 p. c. sans mettre l'industrie en péril. Mais nous l'avons vu, le Gouvernement avait, d'une façon toute bénévole, aliéné l'indépendance que le traité lui avait laissé sous ce rapport. Les négociateurs anglais avaient été admis à discuter avec les nôtres quel était le degré de protection nécessaire à nos fabriques et dans quelle proportion on pouvait la faire descendre au-dessous de 30 p. c.

Faut-il s'étonner, après cela, que les tarifs aient été réduits à des taux si bas, à des taux encore inférieurs à ceux qui avaient été communiqués par les commissaires du Gouvernement au Conseil supérieur, à des taux que les manufacturiers anglais, de leur aveu même, n'auraient pas osé espérer.

Entrons dans l'examen de ces tarifs et procédons par ordre.

La première industrie dont les conventions complémentaires eurent à régler le sort, fut l'industrie métallurgique, puisqu'aux termes du traité, les nouveaux tarifs devaient être appliqués aux fers et à leurs dérivés dès le 1er octobre 1860.

Il semblait que la marche à suivre dans cette tarification était toute tracée par le traité lui-même ; en effet, par exception, un article spécial avait stipulé le droit relatif aux fers ; il ne s'agissait donc plus que d'en déduire les droits applicables à leurs dérivés.

Or, que portait cet article, le dix-septième du traité ?

Il est entendu, *comme élément de la conversion*

des droits AD VALOREM *en droits spécifiques, que pour les fers actuellement grevés d'un droit* (principal) *de* 10 *francs, le droit sera de* 7 *francs* (les deux décimes compris).

La pensée qui avait inspiré cet article était manifeste. Le Gouvernement impérial, qui s'était engagé par le premier article du traité à abolir toute protection supérieure à 30 p. c., avait craint cependant que, si l'on prenait pour base du droit sur les fers les prix des produits de basse qualité, l'industrie métallurgique en France ne se trouvât sérieusement compromise. Il avait donc voulu prévenir ce danger, et, afin d'y couper court, au lieu de laisser la fixation du droit sur les fers aux négociateurs des conventions complémentaires, il l'avait formulé immédiatement dans l'article 17 que nous venons de citer.

Certes, la réduction était déjà assez considérable, le droit existant était de 12 fr., y compris le double décime; on le faisait descendre à 7 fr.; c'était une diminution de 5 fr. ou de plus de 40 p. c.

On n'avait donc pas voulu aller plus loin. Il eût été, en effet, par trop dur de condamner une industrie qui avait, dans l'intervalle des trente dernières années, plus que quintuplé sa production, et diminué ses prix de près de moitié. Il eût été par trop imprudent de sacrifier une production aussi indispensable au développement industriel qu'à la défense militaire du pays.

Nous n'ajouterons qu'un seul mot pour démontrer qu'en fixant le droit sur les fers à 7 francs on avait été jusqu'à la dernière limite de réduction compatible avec l'existence de notre industrie métallurgique : c'est que, d'après les chiffres qui ont été produits à l'enquête, ce droit ne représentait, pour la plupart de nos grandes forges, que l'excédant de dépenses qu'elles avaient à supporter, comparativement aux forges anglaises, pour le seul fait des charbons et des transports.

Maintenant, si l'on veut se reporter à l'article 17 que nous avons cité plus haut, on verra que cet article n'avait pas seulement fixé le droit sur les fers, mais qu'il avait également posé une base pour la détermination des droits sur les objets de la même famille.

Il y est dit, en effet, que *c'est comme élément de la*

conversion des droits AD VALOREM *en droits spécifiques* que le droit sur les fers, tarifés actuellement à 10 francs, sera réduit à 7 francs.

Comme élément de la conversion des droits AD VALOREM *en droits spécifiques*, signifiait évidemment que le droit de 7 francs était *l'élément* d'une conversion quelconque, et de laquelle, si ce n'était de celle de tous les articles fers et dérivés des fers ?

Ainsi le fer en barres de dimensions les plus ordinaires, celui qui était taxé dans notre précédent tarif de douane à 12 fr., y compris le double décime, se trouvait devenir le type auquel on devait se référer pour les autres fers, tout comme autrefois la tarification des sucres était établie sur la qualité du sucre que l'on appelait bonne quatrième.

D'où cette conséquence : que pour fixer les tarifs sur les diverses catégories de la famille des fers, il fallait dégager d'abord, pour chaque catégorie de produit, l'élément correspondant au fer type, frapper cet élément du droit de 7 francs, et déterminer ensuite le supplément à y ajouter, ou la déduction à lui faire subir, suivant que le produit serait plus ou moins avancé en fabrication que le fer type lui-même.

Agir autrement, c'était détruire les garanties que le traité avait voulu donner à l'industrie métallurgique.

Mettre, par exemple, sur la fonte un droit inférieur à l'équivalant du droit de 7 francs stipulé par le traité pour le fer type, c'était défaire par la fonte ce qu'on avait cru accorder pour le fer.

De même, mettre sur toute la série des fers plus avancés en fabrication, comprenant les petits fers, les tôles, les fers étamés, etc., etc., des droits qui ne comprissent pas, outre la protection sur le fer type, la protection nécessaire au travail de ces élaborations successives, c'était également se mettre en opposition avec la lettre et l'esprit du traité, c'était défaire par une autre voie ce qu'il avait voulu ou cru faire.

En un mot, procéder de cette façon, ce n'était pas seulement commettre une inconséquence, c'était bien véritablement réduire par la convention complémentaire le droit de 7 francs sur le fer que le traité avait consacré.

Eh bien ! nous regrettons de le dire, l'article 17 a été laissé de côté par les négociateurs de la convention complémentaire; on n'a pas touché, il est vrai, au droit de 7 francs sur les fers en barre; mais on a réglé les droits sur les autres classes de fer, absolument comme si ce droit de 7 francs n'avait pas été désigné dans le traité comme devant être l'élément et la base de détermination.

Qu'on lise les tarifs promulgués le 29 septembre, et nous demanderons à toute personne possédant quelques notions de ces matières, s'il existe la la même proportion entre le droit de 7 francs fixé par l'article 17 du traité et les droits sur les autres catégories de la famille des fers.

L'application du droit de 7 francs comme élément de la conversion amenait au droit de 4 francs sur la fonte, et la convention n'a stipulé qu'un droit de fr. 2-50 qui doit être réduit à 2 fr. en 1864.

Il est vrai qu'un droit de 4 francs sur la fonte n'eût guère représenté qu'une réduction d'un cinquième sur le droit existant de fr. 4-80, tandis que le droit sur les fers avait été réduit des sept douzièmes. Mais qu'est-ce que cela prouve? Tout simplement que le droit qui existait sur les fontes avait déjà été antérieurement abaissé aux dernières limites de la protection.

Et en effet, tandis qu'il n'entrait que très-peu de fers au droit de 12 fr., il entrait, au contraire, une quantité considérable de fonte au droit de fr. 4-80. Ainsi, sous ce droit de fr. 4-80, il était importé en France 90,000 tonnes de fonte, soit un neuvième de notre production évalué à 800,000 tonnes. En 1856, l'importation avait même été jusqu'au cinquième de notre production.

La limite, où la protection cessait d'être efficace, avait donc été atteinte. Tout ce que l'on retrancherait sur le droit de fr. 4-80 serait ôté d'une protection déjà insuffisante, et puisqu'en partant de l'élément de conversion posé par le traité, on n'était logiquement conduit qu'à une réduction d'environ un cinquième sur ce droit, c'était à cette réduction que tout conseillait, commandait même de s'arrêter.

Or, on n'a voulu tenir compte ni des prescriptions du traité, ni des enseignements si péremptoires fournis par l'expérience concluante dont nous venons de présenter les résultats, et le droit sur la fonte a été impitoyablement réduit de plus de moitié.

Passerons-nous maintenant aux autres catégories

de fers ? si l'on se reporte à l'ancien tarif des douanes, on trouve, outre le fer qui était tarifé à 12 fr. et qui l'est maintenant à 7, les catégories suivantes : Les fers en barres de moindre section, les tôles et les fers-blancs, les fils de fer, les aciers.

On comprend que toutes ces sortes de fers, les fers de petites dimensions, les tôles, les fers-blancs, les fils de fer, les aciers eux-mêmes ont été, à un moment donné, des fers en barres de fortes dimensions. Ici, par conséquent, les termes de l'article 17 s'appliquaient d'une manière encore plus directe, encore plus impérieuse que pour la fonte. Si l'on avait voulu dire quelque chose en posant, dans cet article, le droit de 7 francs *comme élément de conversion*, ces mots signifiaient évidemment que pour les objets obtenus par des élaborations successives, postérieures à la production du fer en barres, on partirait du droit de 7 francs appliqué au fer en barres, et on ajouterait à ce droit une surcharge correspondante à la plus-value créée par les élaborations de la matière, surcharge qui, d'après les exigences du traité, ne devait cependant pas excéder 30 p. c. de la plus-value.

Veut-on savoir comme on a tenu compte de cette règle tracée par le traité lui-même : un seul fait suffira pour en donner une idée. Le droit de 7 francs, que l'article 17 du traité avait posé comme base de l'élément de conversation, a été appliqué uniformément aux fers en barres de toutes dimensions, y compris ceux qui, sous l'ancien tarif, payaient fr. 16-80 et même 36 fr., tels que les fils de fer au-dessus de 5 millimètres.

On ne s'est pas plus occupé de cette règle dans la tarification des objets fabriqués en fonte ou en fer.

Les ouvrages en fonte moulée, qui étaient frappés de prohibition, ont été tarifés à un droit qui n'est que de fr. 3-50, réductible à 3 fr. en 1864, pour toutes les pièces coulées à découvert, ce qui représente 1 franc seulement de plus que le droit sur la fonte brute.

Toute la ferronnerie a été taxée à 9 francs, soit seulement 2 francs de plus que le fer en barres.

La coutellerie de toute espèce, qui était également prohibée, est admise moyennant un droit de 20 p. c. de la valeur, qui sera réduit à 15 p. c. en

1864, et les instruments d'un ordre encore plus élevé dans l'échelle de la fabrication, tels que les instruments de chirurgie, d'optique et de précision ne seront tarifés qu'à 10 p. c. de la valeur.

Les outils proprement dits, limes, faux, tenailles, scies, etc., etc., ont vu la protection qui couvrait cette fabrication réduite au moins des trois cinquièmes, plus souvent des quatre cinquièmes et quelquefois des cinq cinquièmes.

Nous ne pousserons pas plus loin cet examen des nouveaux tarifs applicables aux ouvrages en fonte, en fer et en métaux de toute sorte, et, pour édifier complétement nos lecteurs sur leur portée, nous nous contenterons de citer l'extrait suivant du rapport fait à la Chambre de commerce de Birmingham par MM. Wagner et Fletcher, qui avaient été députés par cette Chambre pour assister les commissaires anglais dans les négociations des conventions complémentaires.

« Pour établir les droits spécifiques qui devaient être basés sur une certaine proportion avec la valeur des articles, il devenait avant tout indispensable de s'accorder sur la fixation des prix qui de-

vaient être déterminés par livre, par quintal et par
tonne. Nous avons déjà fait connaître que pour
cette opération, nous avions précédemment fourni
au Conseil supérieur une liste des prix de nos
principaux articles, et à notre arrivée à Paris nous
avons eu la satisfaction d'apprendre *que nos quota-
tions avaient été acceptées par les commissaires
français, que c'était sur elles qu'avaient opéré les
commissaires réunis , à l'exclusion de toute liste
française ou de toute autre évaluation quelconque.*
Nous pensons qu'il était difficile aux commissaires français de donner une meilleure preuve
de leur désir de réaliser les intentions du traité
de commerce. En fait, cette conduite correspon-
dait avec tout ce qu'ils avaient fait et dit depuis le
premier jour où nous nous étions rencontrés avec
eux.

» Si un droit de 30 p. 100 avait été imposé sur
notre propre évaluation de nos produits manufacturés, nous aurions obtenu seulement ce que le
traité de commerce s'était engagé à nous donner.
Nous pensons qu'on apercevra facilement que les
taux des droits qui viennent d'être publiés démon-
trent, à très-peu d'exceptions près , un résultat

très-éloigné des prophéties défavorables si générale-
lement acceptées.

» Il ressort du texte du tarif publié que les droits
imposés sur des objets de fer ne nous sont pas
aussi favorables que ceux qui ont été fixés pour des
articles fabriqués avec d'autres métaux; cependant,
prenant le tarif dans son ensemble, nous pensons
qu'il ne peut pas être envisagé sous un autre jour
que celui d'un grand pas fait par la France vers le
libre-échange. Où la prohibition totale semblait
précédemment être la règle du tarif français,
maintenant nous trouvons en général des taux de
droits aussi favorables que ceux de tout autre tarif ; et, dans un grand nombre de cas le tarif
français est même beaucoup plus favorable. Si l'on
compare le nouveau tarif français avec les tarifs
en vigueur en Russie, en Espagne, en Amérique,
dans le Zollverein, et *même dans quelques-unes de
nos propres colonies*, nous avons le seul vœu à
former que ces pays consentent à adopter un tarif
aussi libéral en ce qui concerne nos manufactures
de fer et de métaux. En fait, prenant le tarif français
dans son ensemble, il n'y a que le tarif hollandais
qui soit plus bas que lui pour les articles en métal.

» Le système prohibitif en Angleterre fut pour la première fois modifié en 1822, et il nous fallut vingt-cinq ans avant d'arriver à un tarif rétablissant toutes les importations un droit d'entrée de 10 sur p. c. *ad valorem*, et sur les articles de cuivre un droit spécifique de 10 shellings par quintal, droit précisément égal à celui que le tarif français nous accorde. Si ce nouveau tarif fait, hors de la prohibition totale, un pas égal en plusieurs cas à nos propres progrès de vingt-cinq ans de libre-échange, certainement il y a tout lieu d'être satisfait, et c'est assurément la preuve matérielle du désir du Gouvernement français, non-seulement de voir un grand commerce naître entre les deux pays, mais aussi de le promouvoir. »

Tout cela est assez instructif ; on remarquera d'abord cette phrase : « Si un droit de 30 p. c. avait été imposé sur notre propre évaluation de nos articles manufacturés, nous aurions alors seulement obtenu ce que le traité de commerce s'était engagé à nous donner. » C'est une nouvelle reconnaissance de l'interprétation du traité de commerce, que nous avons présentée dans le chapitre précédent, et qui a été repoussée par notre Gouvernement, tandis qu'elle était admise par les manufacturiers anglais eux-mêmes. On ne remarquera pas moins cette déclaration naïve : que les évaluations anglaises ont été admises à l'exclusion de toute liste française et de toute évaluation quelconque. Il n'y a d'ailleurs rien de plus éloquent que les éloges donnés par les fabricants de Birmingham au tarif stipulé en faveur de leurs produits.

Enfin, pour dernier trait au tableau, le rapport se termine ainsi : « Il n'y avait que l'habileté et l'expérience de M. Cobden qui pussent nous assurer un traité de commerce comme celui que nous avons maintenant devant nous. M. Cobden était toujours disposé, toujours prêt à écouter ce que nous avions à lui dire, même sur tout point d'un intérêt minime. et notre travail avec la commission anglaise est devenu un véritable plaisir par la certitude du *succès qui nous attendait.* »

La Chambre de commerce de Birmingham a voté, après la lecture de ce rapport, la motion suivante :

« Les remerciements sincères de la Chambre sont adressés à MM. Wagner et Fletcher pour le temps qu'ils ont consacré et le labeur qu'ils ont subi, en s'acquittant de leurs devoirs relativement au traité avec la France, ainsi que pour *la manière très-habile et très-heureuse* avec laquelle ils ont défendu les intérêts du district spécialement et exécuté le mandat que leur avait confié la Chambre. »

Le tarif sur les machines a été réglé en même temps que celui des produits métallurgiques. Il s'agissait d'un intérêt bien grave. De quelle importance n'est-il pas pour un peuple, aspirant à de hautes destinées industrielles, de construire lui-même ces appareils merveilleux qui ont fait une véritable révolution dans les procédés manufacturiers ! ce n'est qu'à cette condition qu'il peut faire des progrès dans la science et dans les applications mécaniques.

Qu'on ne croye pas, en effet, que l'industrie générale d'un pays peut se développer tout aussi bien quand elle est obligée de tirer ses machines de l'étranger. Les Anglais, dans un travail publié il y a quelques années, ont attribué avec raison une des causes principales de leur supériorité industrielle à ce que leurs manufactures étaient partout à proximité des ateliers de construction qui leur fournis-

saient leurs machines. Et cela se conçoit facilement.
C'est cette proximité qui permet aux constructeurs
d'étudier les besoins des manufacturiers et aux manufacturiers de se rendre compte des ressources
qu'ils peuvent trouver dans les ateliers des constructeurs. Supposez que l'on n'eût pas fait de machines
à vapeur en France, nous n'aurions pas réalisé ces
perfectionnements remarquables, qui ont permis
de tirer un parti si avantageux de la détente de la
vapeur et qui ont amené une réduction si notable
dans la consommation du combustible. Pourquoi
la fabrication du sucre indigène est-elle parvenue,
malgré la moindre richesse de la plante qu'elle emploie, à livrer ses produits à meilleur marché que
la fabrication coloniale, si ce n'est parce que, trouvant dans le milieu industriel de nos départements
du nord toutes les ressources de la mécanique et de
la chimie, elle a pu réaliser des progrès qui étaient
impossibles, ou du moins bien difficilement applicables dans les colonies ?

La construction des machines s'est heureuse-
ment acclimatée chez nous, à l'abri d'une sage protection ; elle a grandi, et l'on a, comme c'est l'ha-
bitude, prétendu arguer de ses succès mêmes pour

demander le retrait de la protection dont elle jouissait. Ainsi l'on a fait grand bruit des quantités de machines que nous exportons. Eh bien ! voici quelle est la vérité sur ce point. La production totale des machines en France, était de 200 à 250 millions en 1859 ; à combien s'est élevée l'exportation ? à 5 millions environ. C'est-à-dire que l'exportation ne représente pas 2 1[2 p. c. de la masse totale de la production.

Maintenant pourquoi nos machines sont-elles plus chères que les machines anglaises, et pourquoi devons-nous continuer à en protéger la construction ? Sans entrer dans l'énumération des raisons générales, qui s'appliquent à l'industrie des machines comme à la plupart de nos grandes industries, nous ne pouvons mieux faire que de citer quelques extraits de l'interrogatoire d'un homme complétement désintéressé dans la question, de M. Dupuy de Lôme, directeur du matériel et des constructions navales au Ministère de la marine, qui a rendu son nom célèbre en France et à l'étranger.

M. Dupuy de Lôme, consulté principalement sur

le tarif nécessaire aux machines de navigation, s'exprimait ainsi :

« Si l'on estime le cheval 1,000 francs en Angleterre, nous voyons que le kilogramme revient à fr. 1-80 ; si l'on estime le cheval 1,200 francs en France, nous voyons que le kilogramme revient à fr. 2-10. Par conséquent, si l'on ne tient pas compte des frais d'assurances et autres, il faut protéger une machine française par 30 centimes par kilogramme.

M. le Président. Vos calculs sont basés sur les prix actuels des fers ?

M. Dupuy de Lôme. Oui, M. le président.

M. le Président. Vous supposez que la nouvelle tarification des droits sur les fers n'amènera, dans les prix, aucune modification ?

M. Dupuy de Lôme. A raison des besoins qu'il y a d'exciter, par l'appât des bénéfices, l'industrie de la construction des machines destinées à la marine, je serais partisan de laisser à cette industrie le bénéfice tout entier de la diminution que pourront subir les prix des fers, par suite de la tarification nouvelle.

M. le Président. Vous croyez que cela servirait à développer la fabrication des machines de mer ? cela ne servirait-il pas plutôt à enrichir uniquement celui qui ferait les bénéfices?...

M. Schneider. Quand les prix ne sont pas suffisamment rémunérateurs, il en résulte des faits déplorables ; c'est ainsi que des constructeurs, tout en se ruinant, ont fait perdre des sommes considérables à la marine, en lui fournissant de mauvaises machines. Il y aurait eu bénéfice pour tout le monde à ce que les constructeurs eussent été mieux traités et eussent fait leurs affaires. C'est sans doute à ce point de vue que M. Dupuy de Lôme raisonnait tout à l'heure, d'après son expérience.

M. Dupuy de Lôme. Je suis personnellement tout à fait désintéressé dans la question, et je puis dire en toute liberté, toute ma pensée à cet égard : je crois que l'industrie française devrait, au point de vue de l'intérêt général, rester dans une position avantageuse par rapport aux étrangers...

M. Michel-Chevalier. Pourriez-vous spécifier les causes de ces différences ?

M. Dupuy de Lôme. La principale cause de la différence des prix en France et en Angleterre , à l'avantage de ce dernier pays, tient à ce qu'en Angleterre on fabrique une plus grande quantité de machines qu'en France. Les prix des matières premières, moins élevés en Angleterre qu'en France, sont pour quelque chose dans la différence des prix de revient, mais non pour une importance aussi grande que la répartition de l'ensemble des frais généraux sur une plus grande production dans un pays que dans l'autre.

La diminution qui pourra s'opérer sur les matières premières en France ne parviendra pas à balancer brusquement la différence qui résulte, à l'avantage de l'Angleterre, de cette répartition des frais généraux sur une plus grande production. J'espère dans le développement de l'industrie maritime en France ; mes espérances se réalisant, les choses ne resteront plus dans la même situation ; mais c'est là une question d'avenir, dont la solution dépendra, non pas de l'abaissement des prix des matières premières, mais de l'augmentation de la fabrication.

M. Michel-Chevalier. Pourriez-vous nous rendre compte de ce fait que, pour certaines catégories de machines, la différence est peu de chose dans les deux pays, tandis qu'il y a 200 fr. de différence par cheval pour certaines autres ? Ainsi, alors que pour les locomotives la différence est à peine appréciable, elle est de 20 p. c. pour les machines de navigation. Par quelle raison intrinsèque ce qui est vrai pour un genre de machines ne l'est-il pas pour l'autre ?

M. Dupuy de Lôme. Parce qu'on fait en France plus de locomotives que de machines de navigation. Ce fait justifie ce que je disais tout à l'heure que la différence entre les deux pays provient de ce que les frais généraux grèvent les établissements en raison de leur production. Si, par une impulsion énergique, on mettait tout de suite la fabrication française sur un grand pied, on la rendrait immédiatement aussi économique que la fabrication anglaise. »

Ainsi les conclusions à tirer de ces considérations si justes, c'est que, pour pouvoir permettre à nos constructeurs de faire de nouveaux progrès dans la voie du bon marché, il fallait se garder d'ouvrir largement notre frontière aux machines anglaises, puisqu'on réduisait alors les débouchés de nos ateliers de constructions et que par cela même on aggravait leurs frais généraux.

Mais il semble malheureusement que l'on n'ait pas compris l'importance de notre industrie des machines au point de vue de l'accroissement des forces productives du pays ; on a réduit les tarifs existants dans une proportion démesurée ; les chiffres suivants en donneront un aperçu :

Nos constructeurs avaient été, d'eux-mêmes, au-devant de la réduction du tarif existant sur les machines à vapeur fixe ; ils avaient proposé de l'abaisser de 25 francs à 15 ou 18 francs par 100 kilogrammes ; on a trouvé que ce n'était pas assez ; on l'a fixé à 10 francs, soit seulement deux cinquièmes de celui qui était en vigueur, et il ne sera plus, en 1864, que de 8 francs, ou du tiers à peine de ce qu'il était.

Pour les machines de navigation en faveur desquelles M. Dupuy de Lôme avait réclamé une protection de 38 francs par 100 kilogrammes on n'a mis qu'un droit de 20 francs réductible à 12 francs en 1864.

Quant aux autres machines, il nous suffira de

citer ce qu'on a fait pour les machines de filature
et pour les métiers mécaniques à tisser. Nos constructeurs avaient déclaré qu'ils regardaient comme
bien difficile de lutter avec les constructeurs anglais même avec un droit de 30 p. c. Ce n'était pas
là une simple assertion. Ainsi, en consultant les
états des douanes, on voyait qu'en 1859 il était
entré, sous l'empire du droit considérable qui existait (48 francs par 100 kilogrammes) 200,000 broches
de Self-acting, dont certes les constructeurs français n'auraient pas laissé échapper la commande
pour peu qu'ils eussent eu quelque marge devant
eux. Il n'était donc pas douteux que c'était l'existence même des ateliers de constructeurs de machines pour la filature et le tissage qui était en jeu.
Et cependant on a passé outre, et loin de leur accorder les 30 p. c. que le traité permettait de leur
donner, on a mis le droit à 15 francs pour machines
de filature, à 9 francs pour les machines à tisser,
ce qui ne représente guère que 12 p. c. Ajoutons
que les droits ne seront plus que de 12 francs et de
6 francs, ou à peine de 8 p. c., en 1864.

Après les machines, il est naturel de parler des
produits chimiques, qui constituent également les

agents essentiels de l'industrie manufacturière.
Est-il nécessaire de rappeler l'essor que les arts
chimiques ont pris dans notre pays depuis le premier empire qui leur donna une si vive impulsion?
la soude artificielle, le sucre de betterave, la bougie
stéarique, et tant d'autres inventions qu'il serait
trop long de rappeler sont là pour attester leurs efforts et pour rappeler leurs conquêtes. Et pourtant
cette fabrication, si éminemment française, n'a
pas été plus ménagée dans les nouveaux tarifs qui
ont prévalu.

Certes, nos manufactures de produits chimiques
sont au moins au niveau des manufactures anglaises, qui n'ont fait qu'emprunter nos procédés,
et qui ont copié jusqu'aux plans de nos usines ; mais
les matières premières coûtent plus cher en France,
et nos fabriques du midi constatent notamment,
dans un mémoire imprimé, qu'elles payent 26 fr.
la tonne de houille menue qui ne revient qu'à 6 fr.
à Liverpool, et 125 fr. la tonne en y comprenant
108 fr. d'impôt, le sel qu'on obtient à Liverpool
pour fr. 11-25.

On estime qu'en raison de ces désavantages, nos
fabriques ne peuvent livrer le quintal de sel de

soude, par exemple, qu'à fr. 15-14 au-dessus des prix anglais. Or, quel droit protecteur leur a-t-on accordé? fr. 4-50 qui seront réduits à 3 fr. en 1864.

On n'a pas craint de s'exposer à détruire ou du moins à compromettre une de nos industries les plus précieuses, celle qui approvisionne les savonneries, les papeteries, la teinturerie, les verreries, les fabriques d'apprêts et d'impressions sur étoffes, etc., etc.

Que le Gouvernement se hâte donc, du moins de supprimer l'impôt sur le sel employé dans nos fabriques. On ne peut vraiment pas s'expliquer le maintien de cet impôt, qui représente plus de six fois la valeur de la marchandise, lorsque l'on a proclamé si haut le principe de l'affranchissement des matières premières. Nul doute qu'il ne doive disparaître; mais il ne faudrait pas attendre pour en prononcer l'abrogation, que les fabriques aient cessé d'exister.

Passons actuellement aux produits manufacturés de consommation courante, et arrêtons-nous plus particulièrement sur les tissus, dont la fabri-

12.

cation représente une production annuelle de plusieurs milliards et occupe des millions d'ouvriers.

Il n'y a pas, en Angleterre, d'industrie qui soit
aussi fortement organisée pour la conquête et
pour l'invasion que l'industrie cotonnière. C'est
de toutes les industries, celle qui est la plus
concentrée. Tandis que la fabrication du fer,
grâce à la multiplicité des gisements minéraux,
s'exerce tout à la fois dans le pays de Galles,
dans le Shropshire, le Stafforshire, l'Yorkshire et
l'Écosse occidentale, tandis que la fabrication du
lin compte plusieurs centres, à Leeds, à Manchester, à Belfast, à Dundee, à Aberdeen, l'industrie
cotonnière, à l'exception des manufactures de Glas-
cow et des environs, s'est agglomérée à Manchester et dans les nombreuses et populeuses cités du
Lancashire, Oldham, Strockport, Rochdale, Ashton,
Boston, Blackburn, Bury, Preston, Staley-Bridge,
qui forment ce qu'on pourrait appeler la banlieue
de Manchester. On ne trouverait pas un seul point
en Angleterre, sans même excepter Londres, où la
population se soit augmentée aussi rapidement que
dans ce district. Sous l'influence du développement de l'industrie cotonnière, le Lancashire, qui

ne renfermait que 300,000 habitants il y a un siè-
cle, en a vu le nombre monter à près de 2 millions et demi !

Pourquoi et comment l'industrie du coton s'est-
elle concentrée, s'est-elle développée sur une pareille échelle dans le Lancashire? C'est que la nature elle-même semble y avoir accumulé, comme
à plaisir, toutes les conditions les plus favorables
au travail. Le port de Liverpool, situé à sa porte,
lui permet de recevoir les cotons au dixième seulement du prix de transport que l'Alsace doit payer.
La houille, s'y montre inépuisable et presqu'à
fleur de terre, de telle sorte que certains filateurs
ont des puits d'extraction dans la cour même de
leur établissement. Les comtés limitrophes four-
nissent le fer aux ateliers de construction de machines qui y sont créés. Les moteurs hydrauliques
eux-mêmes y abondent. Ajoutez à cela un système
de chemins de fer et de canaux, qui sillonnent son
territoire, qui s'entrecroisent en tous sens. Maintenant, imaginez sur cette terre favorisée une population manufacturière nombreuse, intelligente,
admirable d'habileté, constante, et apportant dans
le travail des usines cette application impertur-

bable qui est particulière aux Anglais, et vous vous rendrez compte des circonstances privilégiées qui ont fait du Lancashire la grande métropole de la fabrication du coton.

Veut-on avoir une idée de la puissance qui résulte de cette concentration industrielle dont on chercherait vainement l'analogue dans le monde entier? Voici ce qu'écrivait M. Léon Faucher, un libre-échangiste, dans ses lettres sur l'Angleterre : « Une commande partie de Liverpool le matin est discutée entre les fabricants à la Bourse de Manchester vers l'heure de midi; le soir, elle est déjà distribuée entre les manufactures des environs. En moins de huit jours, le coton filé à Manchester, à Bolton, à Oldham, ou dans les environs d'Asthon, est tissé dans les ateliers de Bolton, de Staley-Bridge ou de Stockport, est teint et imprimé à Blackburn, à Chorley ou à Preston, apprêté, auné et empaqueté à Manchester. Par cette division du travail entre les villes, dans les villes entre les fabriques, et dans les fabriques entre les ouvriers, l'eau, la houille et les machines travaillent sans fin ; l'exécution va presque aussi vite que la pensée; l'homme participe en quelque sorte à la puissance de création, et il n'y a qu'à dire : « que les produits existent, pour que les produits soient. »

On comprend que notre industrie cotonnière ne soit pas de force à lutter avec une fabrication organisée dans des conditions si avantageuses et sur des proportions si colossales. Certes, elle a fait des progrès immenses, et ceux qui l'accusent de s'être endormie sur l'oreille de la protection, prouvent tout bonnement qu'ils ignorent les premiers éléments de la question. Veut-on avoir une idée des améliorations réalisées par la fabrication du coton qui a été plus particulièrement l'objet des attaques des libre-échangistes et de leurs amis ? Voici ce qu'un homme des plus compétents, M. Alcan, professeur de filature et de tissage au Conservatoire impérial des arts et métiers, constatait il y deux ans dans une de ses leçons. En 1811, sur la place de Mulhouse, le kilogramme de coton brut, pour produire une certaine catégorie de fils courants du n° 27/29 chaîne et de 36/38 trame, valait fr. 14-85, et le fil fr. 25-61 ; il restait donc comme différence entre la matière première et le produit fr. 10-76 pour couvrir les frais de fabrication. En novembre 1858, la quantité de matière première représentant une valeur de fr. 2-40 le filé se vendait fr. 3-50; il ne restait plus que fr. 1-10 pour la façon. C'est-à-dire que dans l'espace de quarante-cinq ans, le prix de façon a diminué en France de près de neuf dixièmes! Ajoutons que le produit fait aujourd'hui pour fr. 1-10, vaut certainement mieux que celui dont on payait la fabrication fr. 10-76. Voilà pourtant ce qu'on n'a pas craint d'appeler une industrie stationnaire!

Mais malheureusement, malgré tous ces progrès, notre filature de coton est encore loin de pouvoir produire au même prix que la filature anglaise ; et ce n'est pas sa faute ; car elle ne fait que subir des causes de renchérissement qu'il ne dépend pas d'elle d'effacer.

Ainsi les frais de premier établissement sont et seront toujours plus considérables en France que chez nos voisins. Que coûte l'établissement de la broche en Angleterre? Un document officiel, publié par le Gouvernement anglais lui-même, va vous l'apprendre. Il s'agit des *Miscellaneous statistics of the united kingdom.* On y trouve, page 303, que le coût d'une filature de coton est évalué de 23 à 24 shillings par broche, soit, en moyenne, 23 1|2 ou

fr. 29-40 par broche ; chiffre que nous avons lieu
de croire plutôt trop élevé d'après des devis que
nous avons eus sous les yeux. Maintenant quel est
le prix qu'il faut payer pour établir cette même
broche en France? Tous nos filateurs, à l'exception de **M. Jean Dolfus**, évaluent de 52 à 53 fr. par
broche les frais d'établissement d'une filature cons-
truite suivant le nouveau système. Ceux qui ont
monté des filatures de coton depuis cinq ans ont
constaté et justifié, d'après le relevé de leurs comptes,
que la dépense n'était jamais descendue au-dessous
de 50 fr. et qu'elle avait souvent dépassé 53 et même
60 fr. Ce sont là, non pas des estimations théoriques,
mais des faits d'expérience, des faits irrécusables
pour toute personne de bonne foi. En prenant le
prix de 50 fr., ce serait une différence de 20 fr.
avec le prix anglais. C'est-à-dire que la broche
coûte en France au moins deux tiers en sus de ce
qu'elle coûte en Angleterre. Si l'on objecte que les
droits sur les machines ont été réduits, il n'en reste
pas moins vrai que les six ou sept millions de
broches qui existent en France actuellement ont
été établies aux prix que nous venons d'indiquer.
D'ailleurs, même avec les droits réduits, les broches
nouvelles, par suite des transports et de tous les frais

accessoires, n'en coûteront pas moins toujours beaucoup plus cher au filateur français qu'au filateur anglais. Et puis, quand on aura ruiné nos constructeurs de machines, on n'aura fait que rendre plus onéreux pour nos filateurs les frais d'entretien et de réparation, de telle sorte qu'en leur faisant gagner d'un côté, on leur aura fait perdre presqu'autant d'un autre.

Il faut remarquer encore que, par suite du meilleur marché des machines et aussi par suite de la plus grande abondance des capitaux, les filatures anglaises ont pu s'établir sur des propositions plus vastes que les nôtres. Nos filatures n'ont guère, en moyenne, que 8 à 10,000 broches. En Angleterre, la moyenne des filatures, est d'au moins 30,000 broches, et l'on cite des établissements qui en ont jusqu'à 300,000. D'où il suit que nos filateurs ont des frais généraux proportionnellement beaucoup plus élevés que les filateurs anglais.

Si les frais d'établissement sont beaucoup plus considérables pour nous, les frais de fabrication ne présentent pas une moins grande différence, parce que les divers éléments qui les composent nous reviennent également plus cher.

C'est d'abord le coton lui-même. On ne peut nier que le coton en laine ne soit presque toujours plus cher au Havre qu'à Liverpool. On n'a, pour s'en assurer, qu'à consulter les prix courants sur les deux places. Pour ne citer que le fait le plus saillant, nous dirons que, l'Angleterre recevant chaque année les quatre cinquièmes de la récolte du coton Géorgie longue soie d'Amérique, nos filateurs de fils fins sont obligés, la plupart du temps, d'acheter leur matière première à Liverpool.

Faisons encore observer, au sujet du coton en laine, que le filateur français est obligé d'employer une qualité supérieure pour filer le même numéro que le filateur anglais. Il y a deux raisons à cela. La première tient à ce que les extrêmes de chaud et de froid sont beaucoup plus considérables en France qu'en Angleterre et notamment dans le Lancashire, ou règne une température moyenne et une humidité favorable au travail du coton, de telle sorte que la même qualité de coton, qui ne peut faire en France que de bons numéros 40, peut servir en Angleterre pour des numéros 45 et même 50. La seconde raison, c'est que le pareur et le tisserand anglais, étant plus habiles que les nôtres,

savent employer des fils de chaîne de qualité infé-
rieure à celle que réclame le tissage français.

Mais c'est sur le charbon que porte surtout la
différence. Il résulte d'expériences multipliées.
faites par la société industrielle de Mulhouse :
1° qu'un cheval de 75 kilogramètres ne peut faire
marcher que 125 broches avec renvideurs (selfacting)
préparation comprise ; 2° qu'en houille de la qualité
employée en Alsace, la consommation par heure et
par cheval est de 3 kilog. La houille consommée
par le moteur de 160 chevaux nécessaire pour
faire marcher une filature de 20,000 broches.
à raison de 125 broches par cheval, de 12 heures de
travail par jour et de 300 jours de travail par an.
représente donc 1,728.000 kilog.

En France, au prix de 32 fr. la tonne admis par
le *Constitutionnel*, la dépense annuelle sera
de fr. 55,196

En Angleterre, au prix de 8 fr., coté par
le *Constitutionnel*, ce sera. 13,799

Différence au détriment du filateur français. . . . . fr. 44,395

Ainsi la dépense en charbon est, pour le même

travail, quadruple en France de ce qu'elle est en Angleterre.

Notez que le chiffre de 8 fr. la tonne s'applique au prix de la houille à Manchester. Or, le prix est beaucoup moindre pour les nombreux centres de filatures, qui sont groupés autour de Manchester, et qui fabriquent beaucoup plus. Oldham, Bolton, Staley-Bridge, Ashton, etc., etc., ne payent la houille que 5 à 6 fr. la tonne, et en qualité supérieure à celle qui vaut 30 à 32 fr. à Mulhouse, c'est-à-dire, que pour la plus grande partie de la fabrication anglaise, la dépense de charbon n'est que le cinquième ou le sixième seulement de ce qu'elle est pour le filateur français.

Enfin, ce qui contribue à rendre la fabrication plus économique pour nos voisins, c'est que, outre l'avantage de pouvoir se procurer le coton et le combustible à bon marché, le filateur anglais a encore, par suite de l'immensité même de ses débouchés qui s'étendent à tout le globe, cet autre avantage de pouvoir ne filer qu'un seul numéro ou quelques numéros très-rapprochés, tandis que le filateur français est obligé d'étendre beaucoup les séries et de changer à chaque instant de fabrication, ce qui ne se fait, comme chacun sait, qu'au détriment de la production.

On a objecté, il est vrai, que si les filateurs anglais ont tous ces avantages, les filateurs français ont, en revanche, celui d'avoir la main-d'œuvre à meilleur marché. Ici il faut s'entendre, car on commet une véritable confusion.

Nous admettons, en tant qu'il s'agit du prix des journées, que l'ouvrier anglais gagne un peu plus que le nôtre. Toutefois, même sous ce point de vue, il importe, d'abord, de faire remarquer que la différence va en s'affaiblissant chaque jour, parce que le prix de la main-d'œuvre va en renchérissant beaucoup plus chez nous que chez nos voisins.

En veut-on la preuve? si l'on consulte le document anglais déjà cité par nous *Miscellaneous statistics of the United kingdom*, voici ce qu'on lit, dans la deuxième partie de ce document, page 303, comme ayant été communiqué au département de la statistique par la Chambre de commerce de Manchester :

« Le taux des salaires payés à Manchester et environs pour l'industrie cotonnière pendant les vingt

années de 1829 à 1859 inclusivement, s'est augmenté en moyenne de 10 à 25 p. 100. »

Or, de combien les salaires des ouvriers de filature ont-ils augmenté en France pendant ce même
intervalle de vingt années? de 30 à 40 p. c.; les dépositions de tous nos manufacturiers en font foi.
D'où cette conclusion : que l'augmentation des salaires en France a été double de ce qu'elle a été
pendant le même temps en Angleterre.

Cependant, nous le répétons, nous admettons que
l'ouvrier anglais gagne encore plus que le nôtre, et
qu'il fait des journées moins longues; mais ce n'est
là qu'un côté de la question; ce qu'il faut comparer, ce n'est pas le prix de la journée, c'est la
quantité d'ouvrage produit pour une même somme
payée en salaire par le fabricant. Or, il suffit
d'avoir examiné une filature française et une filature anglaise pour savoir que la première emploie
beaucoup plus d'ouvriers, eu égard à la production
obtenue.

Un de nos manufacturiers les plus distingués,
M. L. Bian, membre du Conseil général du Haut-
Rhin, estime, dans une brochure récemment pu-
bliée, qu'une filature de 32,000 broches n'emploie

que 104 ouvriers en Angleterre, tandis que chez nous il y en a 460 à 600 dans un établissement du même ordre. Il est vrai que la filature anglaise est montée en machines nouvelles ; mais, même en considérant des établissements français montés en machines tout aussi parfaites, on trouve que la filature française demande encore 7 ouvriers par 1,000 broches, dans les conditions mêmes où la filature anglaise n'en emploie que 3 et 1/5 ; de telle sorte que tout en donnant un salaire très-élevé par tête d'ouvrier, tout en demandant moins d'heures de travail par journée, le fabricant anglais paye la main-d'œuvre du kilogramme de filés beaucoup moins cher que le fabricant français.

Pourquoi l'ouvrier des manufactures produit-il moins chez nous que chez nos voisins ? C'est là une question dont l'examen nous entraînerait trop loin. Ce qu'il nous suffit de constater, pour le moment, c'est le fait, fait incontestable, qui, d'ailleurs, n'est pas particulier à la filature de coton, et que l'on retrouve dans toutes les branches de l'industrie manufacturière proprement dite, dans la filature du lin, dans l'industrie du fer, dans la fabrication de la poterie, etc. On l'a également constaté dans la marine marchande, et tout le monde sait que l'équipage d'un navire de commerce anglais compte toujours un personnel moins nombreux que celui d'un navire français de même tonnage. Chaque nation, dit avec raison M. Bian, a ses instincts et ses spécialités : la France a son armée comme l'Angleterre a ses ouvriers de fabrique, et la supériorité du soldat chez nous, n'est pas plus à contester que celle de l'ouvrier chez nos voisins.

Enfin, outre ces causes de renchérissement qui pesaient sur la filature française, il y avait encore une considération importante dont on aurait dû tenir compte dans la détermination du degré de protection qui lui était nécessaire. Il fallait, autant que possible, préserver notre marché de ces perturbations auxquelles l'industrie cotonnière de la Grande-Bretagne n'est que trop sujette. Et qu'on nous permette, à ce propos, de faire encore un emprunt aux lettres de M. Léon Faucher sur l'Angleterre : « Si la manufacture de coton, disait M. Léon Faucher, parlant de la fréquence et de l'intensité des crises de l'autre côté du détroit, si l'Angleterre, en tant que pays manufacturier, pouvait rester stationnaire, elle trouverait peut-être moyen de régulariser les chances du travail ; mais voilà précisément ce qui lui est interdit. La grande industrie, l'industrie qui accumule les machines, les bâtiments, les ouvriers, l'industrie qui destine ses produits à l'exportation, n'a pas en elle-même sa limite, ni sa mesure ; par une conséquence directe de sa nature, elle contemple des espaces sans bornes ; *elle est organisée pour la conquête, ou tout au moins pour l'invasion.* Le capital s'accumule toujours, la population déborde ; il faut donc que la production augmente sans cesse. La loi du progrès n'est nulle part plus impitoyable. Le jour où l'industrie aurait atteint son apogée, et où le travail n'aurait plus aucune perspective d'accroissement, ce jour-là l'Angleterre commencerait à décliner et devrait faire place à la fortune ascendante de quelque autre nation. »

En résumé, les filateurs français, après avoir démontré que les frais annuels d'une broche, qui représentaient 8 fr. en Angleterre, montaient à 16 fr. en France, avaient été conduits à demander, en conséquence, des droits spécifiques qui représenteraient une protection progressive, commençant à 18 p. c. pour les n°s 25 et 26, et s'élevant graduellement de manière à atteindre la limite de 30 p. c. pour les n°s 140 et au-dessus.

Voici ce qui advint de leurs demandes.

M. E. Baroche, commissaire spécial, jugea à propos de réduire de 4 à 5 francs l'écart entre les frais annuels d'une broche en France et d'une broche en Angleterre, écart que les fabricants avaient déclaré et prouvé être de 8 fr. Partant de là, il proposa, pour les cotons filés, des droits qui commençaient à 8 p. c. pour les gros numéros, et qui s'élevaient, suivant lui, à 16 ou 18 p. c. pour les numéros les plus fins jusqu'au n° 140, au-delà duquel le droit restait stationnaire ; en d'autres termes, M. E. Baroche proposa des droits moitié moindres que ceux qui avaient été réclamés par les fabricants.

Il semblait qu'on ne pût pas descendre plus bas ; mais on ne s'arrêta même pas au minimum proposé par le commissaire que M. le Ministre lui-même avait choisi, et les droits de 13 à 14 p. c. en moyenne, qu'il avait formulés, ont été abaissés, du consentement des négociateurs français, à un taux qui ne représente pas plus de 8 p. c. des filés anglais.

13.

Pour donner une idée de cet abaissement, il nous suffira de dire que les filés, n° 140 et au-dessus, qui sont actuellement tarifés à fr. 8-50 le kilogramme, ne payeront plus que fr. 2-50 jusqu'au n° 171, et 3 fr. au-dessus; or déjà, sous le tarif de fr. 8-50, il s'importait une quantité égale au tiers de la consommation française en filés fins.

Venons aux tissus. On comprend que les mêmes conditions de renchérissement existent aussi bien pour le tissage mécanique français que pour la filature française. Les documents officiels anglais portent à 24 liv. sterl. (600 fr.) par métier le coût d'un établissement de tissage mécanique; en France, le coût est de 1,100 à 1,200 francs. La dépense de houille pour le moteur d'un établissement de 1,000 métiers, représente 48,000 fr. en France, et 12,000 fr. seulement en Angleterre. Il en est de même pour les autres éléments que nous avons signalés dans notre comparaison de la filature anglaise et de la filature française. Il fallait donc, en ce qui concerne les tissus, à la protection des filés joindre une nouvelle protection pour le travail du tissage. C'est ce que firent les fabricants, en rédigeant un tarif au poids, gradué suivant des classes déterminées, en

raison du poids par 100 mètres et du nombre de fils
en chaîne et en trame par cinq millimètres carrés.

On adopta les bases de leur classification ; mais
il en fut autrement quant à la protection qu'ils
réclamaient ; ils avaient demandé 25 p. c.; M. E.
Baroche proposait de leur en accorder 20, et les
droits stipulés dans le traité ne leur laissent pas
même 15 p. c.

Maintenant pour que l'on soit complétement édifié
sur la portée de ces tarifs, nous dirons comment ils
ont été accueillis de l'autre côté du détroit. A peine
étaient-ils connus que la Chambre de commerce de
Manchester a tenu une séance solennelle. Or, voici
comment s'est terminée cette séance du 19 décembre 1860 dont le *Manchester Guardian* nous a donné
le compte-rendu.

M. Heywood a fait la motion suivante :

« Cette Chambre désire consigner ici sa haute
« estime de la valeur des travaux dévoués et infati-
« gables poursuivis par Richard Cobden, écuyer,
« membre du parlement, dans la négociation du
« traité de commerce avec la France. Elle veut en
« même temps exprimer sa pleine appréciation des
« motifs élevés qui l'ont conduit à être l'origine

« (originate) de la mesure maintenant complétée.
« La Chambre le remercie hautement pour ces
« services, ajoutés à tous ceux qu'il a rendus aux
« intérêts commerciaux comme à tous les autres
« intérêts de la nation, par ses labeurs dans la
« cause du libre-échange. La Chambre ne doute
« pas, qu'indépendamment des grands bénéfices
« commerciaux qui sont attendus du traité, il con-
« duira à des relations plus intimes et beaucoup
« plus étendues entre la Grande-Bretagne et la
« France et développera ainsi matériellement le
« progrès de l'intelligence, de la civilisation et de
« la paix. »

La motion a été adoptée avec acclamation.

Nous nous sommes étendus plus particulièrement sur l'industrie cotonnière, parce que la plupart des raisons qu'elle a fait valoir sont applicables, dans une certaine mesure, à toutes les industries qui s'exercent au moyen de grands appareils
mécaniques, aussi ces industries n'ont-elles pas
été plus heureuses dans leurs réclamations ; elles
n'ont pas été mieux traitées.

L'industrie lainière avait été jusqu'ici protégée,
comme l'industrie cotonnière, par la prohibition.

On ne lui a pas rendu la transition plus facile. Loin de là, elle a été l'objet de stipulations encore plus dures, de tarifs encore plus réduits.

Ainsi, le droit sur les fils de laine, blanchis ou non, descend jusqu'à 25 centimes le kilogramme et ne s'élève pas plus haut que 1 franc, quelle que soit la finesse. Il était difficile de mettre des droits plus modiques, c'est le *Journal des Débats* lui-même qui le dit. Quant aux tissus, les Anglais sont parvenus à faire admettre le droit *ad valorem* ; ce droit sera nominalement de 15 p. c. jusqu'en 1864 où il descendra à 10 p. c. ; à quel taux réel tombera-t-il dans la pratique ? nul ne peut le prévoir, et le commissaire spécial délégué au Conseil supérieur doit le savoir mieux que personne, s'il est vrai que, placé dans une de nos villes manufacturières, entre deux pièces de drap qui valaient 15 et 25 fr. le mètre et invité à désigner celle qui coûtait le plus, il aurait désigné celle qui coûtait le moins.

Ajoutons que l'alpaga, le lama, la vigogne et le poil de chèvre sont traités comme la laine dans leurs fils et dans leurs tissus.

Mais une mesure peut-être plus grave encore est

celle qui n'impose les tissus mélangés au droit des tissus de laine, qu'autant que la laine domine dans le mélange. Chacun en comprendra facilement la portée. Ainsi, si un tissu contient 49 de laine et 51 de coton, il entrera comme s'il était en coton pur. On ne peut être plus libéral. Avons-nous besoin de faire remarquer que ces tissus sont précisément ceux qui avaient le plus besoin d'être protégés, parce que les Anglais, en se servant de la chaîne de coton, sont parvenus à les tisser mécaniquement.

On va voir, d'ailleurs, par quelques citations, comment les manufacturiers anglais de lainage ont accuelli ce tarif.

C'est d'abord la Chambre de commerce de Bradfort dont la députation, envoyée à Paris, s'exprime de la manière suivante : « La députation remplit un agréable devoir en exprimant son admiration pour le zèle persévérant, le tact et l'intelligence déployés, pendant toutes ces négociations, par M. Cobden, utilement aidé par MM. Ogilvie et Mallet ; elle pense que le résultat de ces négociations sera du plus grand avantage pour les intérêts anglais qui fabriquent la laine. La députation ayant ainsi rempli la tâche qui lui est imposée, ne peut clore son rapport sans exprimer son profond sentiment de la franche libéralité qu'elle a rencontrée dans le Gouvernement français. Beaucoup d'intérêts puissants et de préjugés enracinés chez nos voisins, étaient opposés au traité ; non-seulement on ne leur a pas permis de prévaloir, mais encore dans toutes les questions auxquelles la députation a été mêlée, *le Gouvernement français a invariablement adopté l'interprétation la plus libérale du traité...* »

Même déclaration de la part de la députation envoyée par la Chambre de commerce de Leeds :

« Nous exprimons l'opinion, dit-elle, que notre district retirera un large bénéfice du traité français et qu'un commerce considérable résultera de l'admission de nos produits de laine manufacturés dans un pays aussi populeux et aussi riche que la France. »

La députation de la Chambre de commerce de Huddersfield a regretté de n'avoir pas obtenu, en faveur des tissus mélangés, des droits au-dessous de 15 p. c., mais le fait qu'en 1864 ils seront admis à

10 p. c. lui paraît une large compensation, aussi bien que la garantie d'un trafic futur avec la France.

« Les étoffes mélangées de qualités inférieures en coton, laine et poil, ne sont pas encore, dit-elle, fabriquées en grande quantité en France, et celles qui se font n'égalent pas les étoffes manufacturées dans le Yorkshire. C'est dans ces marchandises utiles et à bas prix, dont les consommateurs se comptent par millions, qu'il faut attendre un vaste commerce.»

Parlerons-nous maintenant de l'industrie des chanvres et des lins ? Cette industrie, comme on sait, est une des plus anciennes parmi les industries françaises ; elle s'exerce chez nous de temps immémorial ; il y avait d'autant plus d'intérêt à l'y maintenir, qu'elle agit en grande partie sur une matière produite par notre sol, et que, si la filature à la main a été remplacée presqu'entièrement par la filature mécanique, le tissage des toiles se pratique encore généralement dans la campagne, dans la chaumière du paysan, et fournit, ainsi, pendant la mauvaise saison, une occupation intéressante aux populations agricoles de la plupart de nos départements.

C'est ce que l'on comprit dès que les procédés de

la filature mécanique du lin furent appliqués. Ainsi en 1838, les nouveaux établissements qui venaient de se créer, ne pouvant se soutenir sous la protection du droit qui avait suffi pendant que l'Europe ne connaissait que la filature à la main, le Gouvernement avait essayé de mettre une digue au torrent des importations anglaises, en établissant des droits spécifiques qui équivalaient à 10 p. c. de la valeur sur les fils et à 15 p. c. sur les toiles. Mais ce n'était encore là qu'un tarif impuissant. Les importations des fils et tissus de lin anglais ne cessèrent d'augmenter malgré les nouveaux droits; elles s'élevèrent en 1842 jusqu'à la somme de 40 millions de francs. On dut relever une barrière reconnue insuffisante, et une ordonnance de juin 1842, sanctionnée plus tard par les Chambres, doubla les droits sur les fils et les toiles d'Angleterre, en maintenant, pour les produits belges, l'exception créée par le traité de commerce du 16 juillet de la même année.

Que vit-on alors? la filature mécanique du lin, qui était restée, jusqu'à cette époque, timide et languissante, prit son essor. Le nombre des broches monta successivement jusqu'à 500,000. Les prix baissèrent de telle sorte que malgré une augmentation d'au moins 25 p. c. sur le cours de la matière première, comparativement à 1840, les fils et les toiles se vendent aujourd'hui 25 p. c. plus bas qu'à cette époque.

Voici maintenant comment on a tenu compte de ces antécédents si favorables à l'industrie nationale, sans même avoir égard à l'état de crise où se trouve depuis plusieurs années notre filature mécanique du lin, précisément parce qu'elle a marché trop vite, parce qu'elle s'est développée trop rapidement sous le stimulant de cette concurrence intérieure qu'on affecte de regarder comme insuffisant.

Nos fabricants de chanvre et de lin avaient demandé, en montrant combien leur position était précaire, que l'on se bornât à réduire d'un quart les droits de l'ancien tarif pour tous les produits liniers, tarif qui avait été calculé de manière à assurer une protection de 20 p. c. pour les fils, de 25 p. c. pour les toiles écrues, et de 30 p. c. pour les toiles blanches ou teintes.

Mais on trouva cette demande exorbitante; il fut décidé par M. le Ministre du commerce qu'une protection de 10 p. c. sur les fils, de 15 p. c. sur les toiles, serait très-suffisante, et, ce qu'il y a de pis, c'est que, pour convertir ces droits *ad valorem* en droits spécifiques, on s'en rapporta purement et simplement aux déclarations des Anglais.

En veut-on la preuve? elle est écrite tout au long dans la lettre suivante, qui a été publiée par les journaux anglais, notamment par le *Times*, et qui est signée de M. Mulholland, un des plus grands et des plus habiles manufacturiers de l'Angleterre :

« Cher Monsieur,

» J'ai reçu aujourd'hui une lettre de M. Cobden,
» dans laquelle il m'annonce que le montant du
» droit établi par le nouveau tarif français a été
» fixé à 10 p. 100 pour les fils, et à 15 p. 100 pour
» les tissus de lin. Le droit pourtant ne sera pas *ad*
» *valorem*. Il sera spécifique et réparti en six classes
» de fils et sept classes de tissus. On a calculé le
» droit spécifique en calculant les taux mentionnés
» ci-dessus sur une évaluation pour chaque classe.
» *Ces évaluations et les détails pour les classifications*
» *ont été déterminés (settled) par la députation de*
» *cette ville lorsqu'elle était à Paris.* Les détails com-
» plets seront publiés sous peu de jours ; mais, en
» attendant, cette esquisse de l'arrangement ne peut

» manquer d'intéresser un grand nombre de vos
» lecteurs.

» MULHOLLAND. »

« 2 novembre. »

Or, pour montrer ce qu'ont été les valeurs fournies par les fabricants anglais, pour servir de base au calcul des tarifs, nous ne pouvons mieux faire que de citer les paroles prononcées par M. Baxter, membre du Parlement, dans une allocution qu'il adressait à ses électeurs de Montrose, quelques jours avant la promulgation de la convention complémentaire : « Les droits, je suis en mesure de vous le dire d'après une bonne autorité, seront de 10 p. c. sur les fils de lin, de 15 p. c. sur les tissus de lin, *ces tarifs étant calculés sur des classifications spécifiques qui ont été fixées si bas que, sur le pied du taux adopté, le droit moyen sera seulement de 6 1/4 à 6 1/2 p. c. sur les fils de lin et de 12 p. c. sur les tissus de lin.* »

Et, en effet, si l'on rapproche les nouveaux droits spécifiques des valeurs réelles des fils anglais rendus dans nos ports, on trouve qu'ils représentent :

Pour la 1re classe de fils. . . . 10 p. c.

 » 2e » 9 1/2

Pour la 3ᵉ classe de fils . . . . . 10 p. c.

» 4ᵉ » 8 6/10

» 5ᵉ » 7 3/10

» 6ᵉ » 4

Ainsi donc, si, comme on l'assure, le Gouvernement français a eu l'intention que les fils de lin anglais payassent un droit équivalent à 10 p. c. de la valeur, il faut conclure des chiffres qui précèdent que les négociateurs anglais ont su faire admettre pour les trois dernières classes des valeurs de beaucoup au-dessous des valeurs réelles.

Nous avons expliqué, dans le chapitre précédent, en parlant des conventions complémentaires, comment ces erreurs avaient été commises. Si la protection de 10 p. c. a été allouée effectivement aux gros numéros, c'est parce que M. Dickson, de Dunkerque, filateur de ces numéros et familier avec les prix des trois premières classes, a pu faire corriger en ce qui les concernait, les valeurs inexactes qui avaient été fournies par les industriels anglais. Mais comme pour les autres classes, le Gouvernement français n'avait pas appelé de filateurs français en état de contrôler les déclarations anglaises, il s'en est suivi que M. Cobden, qui avait constam-

ment des filateurs de sa nation à côté de lui, a pu
faire admettre, pour ces trois dernières classes, des
valeurs telles que les droi's, au lieu d'être de 10
p. c., ne sont que de 6 1/4 à 6 1/2 ainsi que
M. Baxter l'annonçait avec tant de joie aux industriels écossais.

Une pareille pretection est-elle suffisante pour
permettre à la filature française de soutenir lalutte?

Nous nous en rapportons à une opinion dont on
ne récusera pas l'impartialité, celle de M. le commissaire impérial auprès du Conseil supérieur du
commerce, commissaire nommé par S. Exc. le Ministre du commerce et dont le nom rappelle à l'industrie française tout ce qu'il y a d'honorable et de
conscioncieux.

Ce commissaire, après avoir passé en revue, dans
son rapport au Conseil supérieur, les conditions
comparatives de production des filatures anglaises
et françaises, termine ainsi son examen :

« En réunissant tous ces éléments de production,
» les comparant pour les deux pays, tenant compte
» aussi d'un fait dont l'appréciation exacte est fort
» difficile, mais dont l'existence est incontestable,

» la plus grande abondance et le meilleur marché
» des capitaux en Angleterre, on arrive à conclure
» qu'une protection de 15 à 20 p. c. du prix du pro-
» duit anglais doit mettre notre industrie en état
» de soutenir la concurrence étrangère. »

Ainsi, après une étude approfondie des faits ob-
servés sur les lieux, dans un récent voyage en Angleterre, en Écosse et en Irlande, M. le commissaire
impérial près du Conseil supérieur du commerce,
jugeait nécessaire un droit équivalent de 15 à 20 p. c.,
soit en moyenne 17 1/2 pour cent du prix des fils
anglais.

Or, les droits fixés par le tarif étant en moyenne
de 8 1/2 pour cent de ce prix, *en tenant compte des
valeurs véritables*, on voit que ces droits ne sont pas
la moitié de ceux dont M. le commissaire impérial
regardait l'adoption comme indispensable pour que
la filature de lin française pût lutter avec sa rivale.

Si nous voulions continuer l'examen détaillé des
divers tarifs inscrits dans les conventions complémentaires, nous constaterions que l'on n'a pas eu
plus d'égard aux demandes que nos industries
avaient présentées, aux considérations et aux chiffres
qu'elles avaient fait valoir à l'appui de ces demandes.

Comme il faut nécessairement se borner dans une revue de ce genre, nous nous contenterons de citer encore les grandes industries de la faïence, des verres et cristaux.

Les fabricants de faïence ont établi, en comparant les prix des produits anglais et des produits français rendus au Havre, qu'il existait une différence d'au moins 30 p. c. entre eux. D'où provient cette différence? Ce n'est pas à nos fabricants qu'on peut s'en prendre. Ils n'ont reculé devant aucun effort pour améliorer leurs procédés. S'agit-il de la qualité? leurs produits sont infiniment plus beaux qu'ils n'étaient autrefois, et la création même de la porcelaine opaque, qui joue aujourd'hui un si grand rôle dans la consommation intérieure, peut être citée comme une preuve manifeste des progrès obtenus sous ce rapport. S'agit-il du prix de vente? Ces produits ne coûtent pas aujourd'hui la moitié de ce qu'ils coûtaient il y a trente ou trente-cinq ans. Ce sont là des faits qui témoignent assez haut des perfectionnements incessants apportés par les manufacturiers français dans leur fabrication.

Pourquoi donc, malgré les progrès réalisés, malgré les baisses de prix qui en ont été la conséquence existe-t-il encore un si grand écart entre les prix de produits anglais et ceux des produits français. La raison en est simple, c'est que l'industrie céramique du Staffordshire a tous les éléments de fabrication à beaucoup meilleur marché que nous ne les avons nous-mêmes, l'argile, le kaolin, les autres matières premières, la houille surtout qui ne lui coûte que le tiers de ce qu'on la paye à Sarreguemines et le quart de ce qu'on la paye à Creil. Il en est de même de la main-d'œuvre. Car si les ouvriers faïenciers du Staffordshire gagnent 6 francs par jour, tandis que les nôtres ne gagnent que 4 francs, en revanche ils font beaucoup plus de besogne, de telle sorte que, toute comparaison faite, les prix de façon en Angletterre ne sont guères que moitié des nôtres.

Ajoutons que, la fabrication anglaise étant concentrée toute entière dans un même district, dans le Staffordshire, cette concentration a permis d'y appliquer le principe de la division du travail dans les degrés successifs de la fabrication. Il s'y est créé presqu'autant d'industries séparées que l'on compte d'opérations diverses dans la céramique, depuis le broyage des pierres, la fabrication des pâtes, des émaux, des couleurs, des modèles, des dessins, jusqu'à la cuisson même des pièces, tandis que, chez nous, les fabriques, étant disséminées sur le territoire, sont obligées, en conséquence, de réunir et d'exercer elles-mêmes ces industries diverses. C'est ce qui explique, d'une part, comment il a pu s'établir, dans la main-d'œuvre anglaise des spécialités d'ouvriers qui n'existent pas chez nous, et d'autre part, comment les fabricants de Staffordshire n'ont pas, à production égale, un capital immobilisé qui soit moitié de ceux de nos fabricants.

Enfin, la marchandise étant fabriquée, les manufactures de Staffordshire trouvent à leurs portes les voies de transport les plus économiques pour l'expédier sur les lieux de consommation. Le canal du Grand-Trunck qui joint les deux rivières de la Mersey et de Trent, le canal qui va du Staffordshire à la rivière Savern, les nombreux chemins de fer qui sillonnent la contrée, tous ces moyens de communication permettent aux fabricants anglais d'envoyer leurs produits à peu de frais, soit vers les marchés de l'intérieur, soit vers les ports d'exportation. Aussi leur coûte-t-il beaucoup meilleur marché pour expédier leurs produits dans le nouveau monde qu'il n'en coûte à nos fabricants pour faire arriver leurs faïences sur nos places du littoral. Exemple : Les faïences du Straffordshire ne payent qu'environ 40 fr. de transport pour New-York. tandis que celles de Sarreguemines payent 78 fr. pour le Havre et 111 fr. pour Marseille.

Voilà, certes, des faits qui justifiaient la protection de 30 p. c., que sollicitaient nos manufacturiers. Rien de plus facile, d'ailleurs, que de convertir le droit *ad valorem* en droit au poids. Nos manufacturiers avaient indiqué une classification simple, rationnelle et facile dans la pratique. Rien de plus aisé, en effet, pour l'agent de la douane le moins exercé, que de discerner la platerie et la marchandise creuse, la porcelaine opaque blanche et celle qui est imprimée, peinte ou dorée.

Pour montrer combien ces demandes étaient modérées, nous dirons que la classification était calquée sur celle que le Gouvernement avait rédigée lui-même dans le projet de loi présenté en 1856 pour la levée des prohibitions, et que, quant à la quotité des droits, ils ne représentaient que le tiers de ceux qu'il proposait par ce même projet de loi d'accorder aux fabricants.

Nous sommes portés à croire que le commissaire impérial chargé de cette industrie (M. Salvetat, de la manufacture de Sèvres) n'avait apporté que peu de changements au tarif présenté par nos manufacturiers ; mais on a agi pour les faïences comme pour les autres produits de nos industries, on a laissé de côté les propositions du commissaire impérial, et les droits ont été fixés directement entre M. le Ministre du Commerce et M. Cobden.

Que sont ces droits? 20 p. c. seulement, et 20 p. c. *ad valorem*, de telle sorte qu'ils se réduiront probablement à 15 p. c., en temps ordinaire ; à 12 p. c. en temps de crise.

On ne saurait se dissimuler que le sort de cette industrie devient bien précaire. Les droits d'environ 30 p. c. qui existent en Belgique, n'empêchent pas actuellement les produits du Straffordshire de venir faire une concurrence redoutable aux produits belges, malgré tous les éléments de bon marché que cette fabrication rencontre chez nos voisins. L'importation annuelle y est de 2 millions de francs et, si l'on remarque qu'il s'agit d'un pays où la population n'est que de 4 millions d'habitants, on voit quelle proportion elle peut atteindre à la faveur d'un

. droit moitié moindre, sur un marché de 36 millions de consommateurs !

Ce que nous venons de dire de l'industrie des faïences est en grande partie applicable à celle des cristaux. Les mêmes causes de renchérissement pèsent à peu près sur l'une et sur l'autre. Nos fabricants avaient démontré nettement, avec chiffres à l'appui. qu'une protection de 30 p. c., c'est-à-dire la protection maxima autorisée par le traité, était indispensable pour les défendre contre la concurrence des fabricants anglais. Ils avaient indiqué d'ailleurs les tarifs au poids, qui correspondaient à cette protection, en les classant par catégories de cristaux blancs ou de couleurs, moulés ou taillés. Nous avons tout lieu de croire que le commissaire, délégué près le Conseil supérieur, avait proposé de réduire cette protection de moitié, en conservant d'ailleurs la classification présentée par nos fabricants. Eh bien! voici ce qu'on a fait. On ne s'est pas contenté de la réduction à 15 p. c. proposée par le commissaire délégué; on a fait descendre la protection à 10 p. c., et, au lieu d'adopter la tarification au poids par catégories, on a simplement établi le droit *ad valorem*, ce qui représentera à peine 7 p. c. dans la pratique.

14.

Ainsi, la tarification sur les cristaux est en fait moins de moitié de ce qu'avait proposé le commissaire délégué, moins du quart de ce que demandaient les fabricants, à peu près la dixième partie de celle qui figurait dans le projet de 1856 sur la levée des prohibitions, alors qu'il s'agissait d'une simple mesure législative et non d'une convention commerciale qui devait nous lier pour dix ans.

Maintenant voici qui est peut-être encore plus grave. On a introduit dans les conventions complémentaires, des réductions de droits sur des objets qui ne figuraient même pas parmi ceux dont la nomenclature était détaillée dans le traité de commerce. Nous citerons notamment les poissons de mer qui ont été dégrevés dans l'énorme proportion de 48 à 10 fr. seulement par 100 kilogrammes, bien qu'ils ne fussent mentionnés ni indiqués en aucune façon dans le traité.

Nos pêcheurs de la Manche se sont émus à juste titre de cette réduction ; ils ont adressé au Sénat une pétition qui a donné lieu, dans les séances des 11 et 13 mai 1861, à des réclamations très-énergiques ; mais comment, à cette occasion, ne pas exprimer le regret de ce que le Sénat n'ait pas adhéré à la pétition, qui lui avait été envoyée l'année précédente par un certain nombre d'industriels, et dont nous avons parlé dans un chapitre précédent, pétition qui tendait à préciser nettement l'interprétation du traité.

Si cette interprétation, qui avait été présentée en temps opportun, avant la conclusion des conventions complémentaires, eût été accueillie comme elle méritait de l'être, parce qu'elle s'appuyait sur les termes mêmes du traité, on n'eût pas inséré dans les conventions ce tarif sur les poissons de mer qui a si gravement compromis nos pêcheries nationales et par suite notre incription maritime.

Que disait, en effet, la pétition des industriels ? Elle établissait qu'en droit international, le traité de commerce était complet; que les conditions réciproques à la charge des deux nations contractantes y avaient été stipulées d'une manière formelle; qu'il n'y avait qu'à les exécuter, non à y ajouter.

Nous ne pouvons mieux faire, d'ailleurs, que de citer le passage suivant de cette pétition du 15 mars de l'année dernière, passage qui était en quelque sorte prophétique, et où l'on annonçait les additions qui ont été faites aux conditions à notre charge.   —

« La convention de conversion elle-même, y disait-on, est tout entière réglée par le traité ; elle peut même, à la rigueur, ne pas exister, le traité n'en sera pas moins exécutoire et exécutable dans toutes ses parties. Si le Gouvernement jugeait à propos de faire à l'Angleterre des concessions au-delà des limites fixées par le traité, il est impossible qu'il admette que ces concessions seront, à titre gratuit, introduites dans la convention de conversion : il y aura à examiner si c'est le cas d'un nouveau traité de commerce : et comme, à cet égard, le pouvoir de Sa Majesté est sans limite, l'Empereur pourra procéder dans son omnipotence et dans sa liberté ; mais alors les négociateurs seront avertis de la gravité de l'acte auquel ils concourent et de la responsabilité morale qui pèse sur ceux auxquels incombe la charge de représenter le souverain dans l'exercice du pouvoir extraordinaire qui lui est dans ce cas exceptionnellement dévolu.

» Dans un traité stipulé nécessairement en la forme synallagmatique, il leur paraîtra impossible que tout soit accordé d'un côté, et rien de l'autre.

» Pendant que, si les négociateurs français, chargés de préparer la convention de transformation, se laissaient entraîner soit par leurs propres tendances, soit par l'incontestable habileté traditionnelle des négociateurs anglais, à concéder des réductions de droit dépassant les limites obligatoires d'après le traité de commerce, et qui ne semblent pouvoir être en question qu'à la charge des intérêts français et au profit des intérêts anglais, il arriverait que la France se trouverait engagée à l'égard de l'Angleterre, au moyen d'un instrument dont l'objet apparent ne serait qu'une simple interprétation, une simple application d'un traité préexistant. »

Si l'on avait écouté ces sages avertissements, on n'aurait pas, dans une convention complémentaire, qui devait se borner à convertir en droits spécifiques les droits *ad valorem* stipulés par le traité, introduit spontanément et gratuitement une disposition relative aux poissons de mer dont le traité n'avait pas parlé; on n'aurait pas, quand le traité était muet sur ce point, on n'aurait pas, par un don pur et simple, par une concession de notre part sans compensation aucune de la part des Anglais, réduit de 48 fr. à 10 fr. le droit qui protégeait nos pêcheries nationales.

Ce qui n'est pas moins déplorable, c'est que cette

énorme réduction du droit à l'importation des poissons de mer ait été inscrite dans la convention complémentaire, sans que l'on ait consulté les intéressés; l'amiral Romain Desfossés a même déclaré, dans son rapport sur la pétition des pêcheurs de la Manche, qu'aucune communication officielle n'avait été faite au ministère de la marine, qu'aucun renseignement ne lui avait été demandé.

Il faut lire ce rapport de l'amiral Romain Desfossés, il faut lire les discours prononcés par les amiraux dans les séances des 11 et 13 mai, pour apprécier les conséquences que peut avoir un pareil abaissement du droit protecteur de la pêche française. On s'en fera une idée par ces seules paroles que l'amiral Romain Desfossés a laissé tomber du haut de la tribune :

« Les hommes qui ont l'expérience de la marine préféreraient la disparition de tout notre matériel naval à la ruine de l'élément fourni à l'inscription maritime par la pêche du hareng ; car avec l'activité et le patriotisme du souverain qui préside aux destinées de la France, le matériel naval serait bientôt remplacé ; mais on ne remplace pas aussi facilement les éléments de l'inscription maritime qui font défaut...

» Si, comme on a semblé nous le faire craindre, cette fatale transaction était un fait accompli, l'honorable M. Cobden aurait mérité un monument à Westminster ou à Saint-Paul, à côté de Nelson, du hardi marin qui a porté un coup si terrible à la puissance navale française.

» Quant à moi, défenseur insuffisant mais convaincu de cette grande cause, il ne me restait plus qu'à déplorer d'avoir assez vécu pour voir frapper au cœur cette marine de France à laquelle j'ai consacré cinquante années de ma vie. »

Le compte-rendu officiel porte que ces paroles furent suivies de nombreuses marques d'approbation et que M. Dupin aîné s'écria : « Monsieur l'amiral, recevez nos remerciements. »

Vainement M. le président du Conseil d'État et M. Rouher essayèrent-ils d'atténuer l'effet produit par ces paroles pleines de noblesse et de conviction. L'opinion du Sénat était tellement évidente, que, tout en déclarant les craintes des amiraux complètement chimériques, ils n'osèrent cependant pas s'opposer aux conclusions de la commission, qui consistaient à renvoyer la pétition des pêcheurs de la Manche à M. le Ministre des affaires étrangères, à M. le Ministre de la marine et à M. le Ministre de l'agriculture et du commerce. Ce triple renvoi fut voté par le Sénat à la majorité de 99 voix, y compris celle de M. Rouher, contre 14.

Le renvoi au Ministre des affaires étrangères avait d'ailleurs été clairement expliqué; il s'agissait d'obtenir de l'Angleterre la révision de l'article relatif aux poissons de mer, c'est-à-dire le rehaussement du tarif que nos négociateurs avaient si imprudemment consenti. Mais comment faire consentir les Anglais à une aussi importante modification ?

« La question, écrivait le rédacteur politique du *Journal des Débats* à propos de ce vote, est tranchée en fait par une convention internationale qui ne peut être abrogée que du consentement des deux parties. Le Sénat a eu beau renvoyer à trois Ministres la pétition des pêcheurs de la Manche et de la mer du Nord ; que peuvent maintenant nos Ministres, qui, fussent-ils dix au lieu de trois, ne représenteraient jamais qu'une des deux parties contractantes? que peuvent-ils sans l'Angleterre? Et y

a-t-il apparence que l'Angleterre, qui a eu ses raisons pour signer la convention du 16 novembre,
trouve dans la discussion qui a eu lieu au Sénat
des motifs suffisants de la résilier? Ce sera à de
plus compétents que nous d'examiner si la convention du 16 novembre mérite, au point de vue économique, tous les reproches que lui ont adressés
les amiraux, et si le Sénat était fondé à juger les
pétitionnaires assez lésés dans leurs intérêts légitimes, pour que le dommage subi justifiât cette prise
en considération solennelle de leur pétition. Mais il
nous sera permis de regretter une fois de plus que
les grands corps de l'État ne soient consultés sur
des mesures de cette gravité qu'après qu'il n'est
plus possible d'y rien changer. Les réformes utiles
dont le Gouvernement prend l'initiative, ne per-
draient rien de leur prix s'il n'enviait pas si souvent au Corps législatif et au Sénat le mérite d'y
concourir avec lui. »

Le fait est que le Gouvernement français ne demandera même pas à l'Angleterre la révision du
tarif sur les poissons de mer, parce qu'il sait bien
qu'il ne l'obtiendrait pas. Et d'ailleurs, pourquoi la
demanderait-il? Est-ce que M. Rouher n'a pas affir-

mé que les plaintes des pêcheurs n'étaient pas plus fondées que celles des manufacturiers, et que, moyennant la réforme de certains réglements, nos pêcheries nationales allaient voir s'ouvrir, sous le régime nouveau, tout un avenir de prospérité qu'ils ne soupçonnaient pas? Le tarif des 10 francs restera donc en dépit des déclarations des amiraux et du vote du Sénat.

Ajoutons que, sous prétexte de venir en aide à nos pêcheries, on s'occupe actuellement de bouleverser toutes les règles salutaires qui avaient été établies dans l'intérêt de notre inscription maritime; jusqu'à ce que, de conséquence en conséquence et de sacrifice en sacrifice, on en arrive à accomplir la dernière partie du programme libre-échangiste, c'est-à-dire à abolir l'inscription maritime elle-même ; car l'organe du *free trade* en France, l'*Avenir commercial* l'a dit et répété dans un latin bien digne de la pensée qu'il exprime : *Delenda est inscriptio maritima ;* ce qu'on peut traduire : Il faut détruire la puissance maritime de la France.

Nous ne pousserons pas plus loin cet examen des tarifs ; nous en avons dit assez pour montrer quel esprit a présidé à leur détermination, jusqu'à quel point ils ont été abaissés.

Ce qui a dû surtout frapper dans la revue précédente, c'est l'énorme infériorité de ces tarifs sur ceux qui avaient été proposés en 1856, dans le projet de loi sur la levée des prohibitions, et qui, cependant, avaient semblé tellement dangereux à la commission du Corps législatif, chargée de l'examen de ce projet de loi, que le Gouvernement avait dû retirer son projet pour se soustraire à un échec.

On se croyait alors obligé à quelque ménagement; on reconnaissait la nécessité de prendre des précautions, des tempéraments pour la transition d'un régime à un autre; mais c'est qu'alors on avait à compter avec le pouvoir législatif.

Et cependant, si, au lieu de céder à un parti pris, on eût voulu apporter la réflexion et la maturité indispensables en semblable matière, on eût compris, que puisqu'il s'agissait, non plus d'une loi toujours modifiable, mais d'un traité de commerce qui devait nous lier pour longues années, c'était une raison pour maintenir du moins la protection que l'on avait proposé d'accorder aux diverses branches de notre industrie dans le projet de loi de 1856.

Eh bien, loin de là, les tarifs sur les fils et tissus

étrangers, qui variaient dans le projet de loi de 1856, de 25 à 30, 35 et même 40 p. c., ont été abaissés à 15, à 10 et même à 8 p. c. seulement, c'est-à-dire qu'ils ont été réduits de moitié ou des deux tiers. Pour les faïences, le tarif n'est que le tiers, et, pour les cristaux, que le dixième de celui qui figurait dans le projet de loi de 1856.

Tous les efforts qui ont été faits pour arrêter le Gouvernement sur cette pente fatale ont été inutiles. On a obstinément fermé l'oreille aux réclamations de l'industrie, qui a été traitée en suspecte, en ennemie. On n'a pas eu égard aux propositions formulées par les commissaires au Conseil supérieur que M. le Ministre du commerce avait cependant lui-même choisis et nommés. On n'a pas accordé plus d'attention aux paroles des membres du Conseil supérieur qui, bien qu'on eut évité, et pour cause, de leur demander un vote, n'en avaient pas moins manifesté leur opinion, quand on leur avait communiqué les tarifs proposés par les délégués.

Il fallait des tarifs qui donnassent satisfaction aux Anglais, et l'on a vu, par les extraits des délibérations des chambres de commerce britanniques, que les Anglais ont été satisfaits.

Enfin, une dernière circonstance est venue mettre en évidence les dispositions qui ont présidé à toute cette affaire, nous voulons parler de la question des délais relatifs à l'application des tarifs.

Le Gouvernement, après le retrait du projet de loi de 1856, s'était engagé à ne pas lever les prohibitions avant juillet 1861. Au moment de la guerre d'Italie, M. le Ministre du commerce avait été plus loin encore, il avait déclaré que les complications de la politique extérieure ne permettaient pas de s'occuper de réforme douanière, et qu'en conséquence le programme que l'administration s'était tracé et la date du 1er juillet 1861, se trouvaient modifiés par les événements, c'est-à-dire ajournés. Aussi, lorsque l'on conclut le traité de commerce, on dut, en présence de ces engagements, y insérer la clause que les tarifs destinés à remplacer les prohibitions, ne seraient mis en vigueur qu'à partir d'octobre 1861.

Il semblait, dès-lors, que les industries nationales, auxquelles cette garantie avait été donnée, dussent jouir en paix des derniers jours de protection qui leur restaient. Il n'en a rien été. On prétendit que cette date n'était que facultative, et l'on manifesta, dès les premiers mois de 1860, l'intention de l'avancer.

On consulta les chambres de commerce et les chambres des arts et manufactures. La grande majorité des chambres, et l'on peut dire l'unanimité de celles qui avaient un intérêt direct dans la question, se prononça pour le maintien des délais stipulés dans le traité.

On devait croire que, cette fois, la question était définitivement résolue. Puisqu'on avait consulté les chambres spéciales, c'était apparemment pour suivre leur avis. Or, ces chambres avaient fait connaître leur opinion. La date d'octobre 1861 paraissait donc désormais hors de débat.

Il n'en était rien ; l'industrie ne put obtenir une déclaration formelle, et nos centres manufacturiers apprirent que l'on n'avait pas abandonné le projet d'anticiper les délais qui résultaient tout à la fois et des engagements pris et des stipulations du traité.

Les choses restèrent dans cette incertitude si préjudiciable aux affaires jusqu'au moment de la réunion des chambres et de la discussion des adresses. Au Sénat, on fit un premier pas.

M. Magne, ministre sans portefeuille, après avoir
reconnu qu'il s'agissait d'une mesure tout intérieure, libre de tout lien international, déclara
qu'on ne pourrait déroger à l'engagement pris envers l'industrie qu'autant que l'universalité de l'in
dustrie elle-même y consentirait. Malheureusement,
les paroles que M. Rouher prononça ensuite dans
cette discussion étaient loin d'être aussi explicites.
En sorte, qu'au bout du compte, le doute continuait
encore à régner sur les intentions du Gouvernement

Il fallut l'intervention du Corps législatif et la
crainte de l'adoption d'un amendement pour obtenir
enfin une déclaration précise. On remarquera que
M. Magne, et M. Rouher après lui, avaient protesté
qu'il n'y avait en jeu qu'une question tout intérieure, pour la solution de laquelle on devait consulter le seul intérêt de l'industrie française. De là
ressortait naturellement cette conséquence : que,
puisqu'il ne s'agissait plus de traité de commerce
et d'engagement international, on rentrait sous la
règle constitutionnelle qui régit l'impôt, et que, si
les délais devaient être anticipés, ils ne pouvaient
l'être que par un acte législatif. Telle est, en effet, la
thèse qui fut développée à la Chambre des Députés.

On vit, pendant toute la première séance consacrée à cette question, M. le président du Conseil d'Etat, faire de nouveaux efforts pour échapper à une explication nette, à une réponse précise. Mais son talent oratoire ne put affaiblir l'effet produit par les discours de M. Pouyer-Quertier et de M. Schneider. Les intentions du Corps législatif s'étaient fait jour. On voulait évidemment en finir avec toutes ces réticences, avec toutes ces équivoques et ces obscurités. Il y avait toute apparence qu'un amendement présenté dans ce but serait adopté. C'est pour éviter un pareil échec que M. Baroche, après tant de tergiversations vint déclarer le lendemain, à la suite d'une réunion des Ministres aux Tuileries, que les délais ne pourraient être anticipés que par une décision du Corps législatif, c'est-à-dire par une loi.

Comment, en présence de cette déclaration, ne pas se reporter à ce que nous disions, dans le chapitre relatif à l'interprétation du traité. Que demandions-nous? que demandait l'industrie dans la pétition dont nous avons parlé ? Nous soutenions, avec la presque unanimité de nos manufacturiers, que, la France étant seulement engagée envers l'Angleterre à recevoir ses produits moyennant des droits qui n'excéderaient pas 30 p. c. et plus tard 25 p. c., et étant libre de se mouvoir comme elle l'entendrait au-dessous de ce maximum, la détermination des droits, en dedans de cette limite, cessait d'être internationale, devenait purement intérieure, et devait s'effectuer, en conséquence, par les voies normales et constitutionnelles.

On le voit, là question était exactement la même pour la détermination des tarifs que pour la date de leur mise en vigueur. Il n'y avait, dans un cas comme dans l'autre, qu'une limite fixée, limite que la France était tenue de respecter, mais en dedans de laquelle elle pouvait se décider suivant ses convenances et ses intérêts. La question devait donc être résolue, dans un cas comme dans l'autre, par les mêmes moyens et suivant les mêmes procédés légaux.

Comment se fait-il, cependant qu'on ait reconnu que la date d'exécution en dedans de la limite du 1er octobre 1861 devait être fixée avec le concours du pouvoir législatif, tandis que l'on s'était refusé antérieurement à admettre que ce concours fût nécessaire pour la détermination des chiffres du tarif en dedans des limites de 30 et de 25 p. c.

15.

C'est que la question de la date du 1er octobre 1861 a eu cette bonne fortune d'arriver plus tard, dans des circonstances plus favorables, et surtout après le décret du 24 novembre, qui a été une sorte de réaction libérale et constitutionnelle. Mais il n'en résulte pas moins que la solution adoptée pour la fixation de la date de la mise à exécution est la condamnation la plus manifeste de la solution qui a prévalu en ce qui concerne la détermination des tarifs. Nous étions donc fondés à dire plus haut que, le traité de commerce accepté, les droits n'ont pas été réglés comme ils auraient dû l'être, puisque, nous le répétons, leur détermination, en dedans des limites de 30 et de 25 p. c. n'étant, comme la fixation de la date de la mise à exécution, en dedans de la limite du 1er octobre 1861, qu'une question intérieure, libre de tout lien international, aurait dû être de même soumise au contrôle du pouvoir législatif.

RÉSUME

Résumons en peu de mots l'historique que nous avons tracé, dans les chapitres précédents, de toutes les phases de cette grande affaire, depuis la conclusion du traité de commerce jusqu'à la détermination des tarifs.

Le traité de commerce est, de l'aveu de tout le monde, une révolution dans tout le système du pays.

Pourquoi a-t-on opéré une révolution aussi radicale dans notre législation douanière, non pas sous la forme de lois, délibérées avec toutes les garanties constitutionnelles et d'ailleurs toujours modifiables suivant les besoins, mais sous la forme d'un traité de commerce qui excluait tout contrôle et qui devait enchaîner la liberté du pays pour de longues années?

Parce que, comme l'ont déclaré lord Palmerston et le *Morning-Post,* on n'aurait jamais pu, avec les opinions nettement exprimées en toute occasion par le Sénat et par la Chambre des Députés, accomplir une réforme libre-échangiste en suivant les voies législatives, et que, par conséquent, du moment que l'on était décidé à la réaliser malgré tout, on ne pouvait le faire que par un traité de commerce qui dispensait de la sanction de la Chambre des Députés et du Sénat.

C'est en ce sens que le *Morning-Post* a appelé le traité un coup d'état commercial, et le mot ne semblera pas trop fort, si l'on veut réfléchir qu'il a été conclu :

Contrairement aux sentiments protectionnistes qui s'étaient manifestés partout, dans l'immense majorité des chambres de commerce, dans les conseils départementaux, dans la législature, dans les bureaux, dans l'administration et dans les hautes fonctions de l'État.

Contrairement aux convictions profondes de la nation entière, où le nombre des libre-échangistes était si restreint que, d'après le *Morning-Post,* en y comprenant, l'Empereur lui-même, on pouvait presque les compter sur les doigts :

Contrairement aux principes exprimés par le Gouvernement lui-même, qui, dans deux occasions solennelles, avait déclaré qu'il resterait fermement protecteur, prudemment progressif ;

Sans avoir satisfait à aucune des garanties indiquées par M. Troplong dans son rapport sur le Sénatus-consulte qui avait reconnu à l'Empereur le droit de modifier les tarifs par des traités de commerce ;

Sans avoir consulté le Conseil supérieur de commerce, qui, d'après le décret constitutif de 1851, avait été créé précisément pour préparer les traités de commerce, pour les examiner avec sagesse et maturité ;

Sans avoir tenu compte de l'engagement pris et et renouvelé, par le Gournement lui-même, dans le journal officiel, après le retrait du projet de loi sur la levée des prohibitions en 1856, que cette question ne serait pas tranchée sans qu'on eût procédé à une enquête préalable dans laquelle tous les représentants de l'industrie nationale seraient entendus.

Le traité fut négocié dans le plus profond mystère, en dehors de tout contrôle et de toute information, comme l'avait été celui de 1786. Salué avec acclamation dans les centres manufacturiers de l'Angleterre, il fut adopté par le Parlement britannique après un semblant d'opposition, et, comme il n'avait plus d'épreuves à subir chez nous, il fut immédiatement promulgué par un décret impérial en date du 10 mars 1860.

Une fois le traité conclu et promulgué, il semblait alors que l'industrie française pût compter sur le concours et les sympathies du Gouvernement français, pour que, dans les conventions complémentaires qui devaient en régler l'application, on n'étendit pas les conditions à notre charge.

Il n'en a rien été, et notre industrie nationale, dans tous les faits qui suivirent, a marché de déception en déception.

Quels étaient, en réalité, les engagements contractés par la France dans le traité de commerce ? La France était obligée à admettre les objets d'origine et de manufacture britanniques moyennant des droits qui ne devaient pas dépasser le maximum de 30 p. c. réductible à 25 p. c. en 1864 ? Rien de plus clair. La France n'était pas tenue à admettre un seul article anglais moyennant un droit inférieur à 30 ou 25 p. c. suivant les époques. Si des conventions ultérieures avaient été prévues par le traité, leur objet était défini; il ne s'agissait que de donner la forme spécifique aux droits *ad valorem*; mais, quant à ce qui concernait le quantum pour cent, elles ne pouvaient, elles ne devaient rien y changer, à moins d'aggraver gratuitement les charges de la France, et par conséquent d'être léonines.

La France pouvait, sans doute, si cela lui convenait, abaisser les droits à un taux inférieur à 30 ou à 25 p. c.; mais cet abaissement devait rester alors un fait purement national, un fait dégagé de tout lien international ; d'où cette conclusion : que toutes les réductions de droit au-dessous des limites de 30 et 25 p. c. rentraient sous les conditions ordinaires des lois de douane et devaient être délibérées dans les formes prévues par la Constitution.

Cette question fut portée au Sénat par une pétition ; mais le Gouvernement ne voulut pas admettre une interprétation si évidente qu'elle ressortait des termes mêmes du traité, et, comme l'immense majorité du Sénat, dans le cours des débats auxquels la pétition donna lieu, avait témoigné des intentions les plus favorables aux demandes de l'industrie nationale, on s'arrangea de manière à faire intervenir la prérogative et le nom même de l'Empereur pour écarter, par l'ordre du jour, la pétition et en même temps l'interprétation qu'elle assignait au traité.

Ainsi le traité allait beaucoup plus loin que ses termes même ne le comportaient, et la France industrielle apprit que les conventions complémentaires, au lieu de se borner à convertir les droits *ad valorem* en droits spécifiques, devaient faire descendre, pour chaque article, le chiffre de la protection dans des proportions inconnues et qui seraient déterminées d'un commun accord avec les négociateurs anglais.

Le Gouvernement voulut bien concéder, toutefois, qu'avant de procéder aux nouveaux arrangements, il serait fait une enquête *loyale et consciencieuse*, dans laquelle seraient entendus les intérêts si divers et si nombreux que touchait le traité. C'était s'y prendre un peu tard. Évidemment, dans l'ordre logique, l'enquête eût dû précéder et non suivre le traité. Mais, cette enquête tardive, par qui fut-elle faite et à quoi servit-elle ?

L'enquête a été confiée au Conseil supérieur du commerce qui n'avait été réuni que très-rarement depuis sa création en 1853. Ce conseil était composé d'hommes très-honorables sans doute, mais dont les antécédents économiques, pour la plupart d'entre eux, n'étaient pas de nature à donner à l'industrie nationale la garantie d'une complète impartialité. C'est probablement pour cela qu'on le choisit de préférence au Conseil d'État qui avait été chargé des diverses enquêtes industrielles et commerciales faites dans ces dernières années.

On fit comparaître devant lui, en même temps que des manufacturiers français, des fabricants de toutes les nations, et notamment des délégués des chambres de commerce anglaises. Ce furent ces derniers qui furent le plus choyés ; on assure même que tout ne se serait pas borné à de simples politesses, et notamment qu'ils auraient eu, pendant l'enquête, le privilége exclusif de pouvoir prendre connaissance de tous les procès-verbaux des séances antérieures, dont un exemplaire sténographié aurait été envoyé chaque matin à M. Mallet du Pan, commissaire anglais, qui les aurait tenus à leur disposition, afin de leur donner la facilité de préparer leurs dépositions en conséquence.

L'enquête terminée après cinquante-huit séances, arrivait le moment d'en tirer la conclusion.

C'était alors que devait commencer l'exécution de la tâche la plus essentielle confiée au Conseil supérieur. En effet, aux termes de sa convocation, le Conseil supérieur devait constater les prix moyens des articles anglais dans les six mois qui avaient précédé le traité ; déduire de cette constatation l'élément à l'aide duquel serait fixée la limite de 30 p. c. dans laquelle devaient se mouvoir les nouveaux tarifs ; enfin recueillir tous les éléments propres à déterminer le degré de protection nécessaire à chacune des branches de notre industrie, et fixer la quotité des droits spécifiques qui devaient grever l'importation de chaque article anglais. Or, le Conseil supérieur n'a été appelé à remplir, n'a rempli aucune de ces missions.

Redoutant sans doute l'influence que les révélations de l'enquête et la connaissance détaillée des faits avaient pu exercer sur son esprit, on lui a

simplement donné communication des rapports et
des propositions rédigés par les commissaires spéciaux que le Gouvernement avait nommés lui-
même, et, si l'on a permis aux membres du Conseil supérieur de présenter les observations qu'ils
jugeraient convenables, le Conseil n'a été invité à
formuler aucun avis.

Ainsi le Conseil supérieur, qui avait fait l'enquête, qui avait interrogé les fabricants de tous les
pays, n'a joué aucun rôle et n'est intervenu en rien
dans la détermination des tarifs.

Il y a plus ; les rapports et les propositions des
commissaires spéciaux, qui avaient été choisis et
délégués près le Conseil supérieur par M. le Ministre du commerce, ont été trouvés trop protecteurs, et ont été mis eux-mêmes de côté comme
étant trop gênants.

Ainsi les négociations ont été reprises à nouveau entre M. le ministre du commerce et M. Cobden, absolument comme s'il n'y avait eu ni enquête, ni rapports, ni séances du Conseil supérieur.
M. le Ministre du commerce a, sans tenir compte
de tous ces travaux, fixé avec M. Cobden le quan-

tum pour cent qui serait accordé à chacune des branches de notre industrie nationale; il l'a fixé beaucoup au-dessous des chiffres proposés par les commissaires spéciaux, puis, lorsqu'il s'est agi de le traduire en droits spécifiques; on a vu M. Cobden convoquer près de lui les délégués des chambres de commerce anglaises pour s'éclairer de leurs avis, et, chose incroyable, les introduire dans la salle des négociations, tandis que M. le Ministre du commerce n'a pas trouvé convenable d'admettre le concours de manufacturiers français.

Qu'en est-il résulté? C'est que les fabricants anglais ont pu de cette manière faire accepter, par l'organe de M. Cobden, des évaluations contraires aux chiffres réels. Enfin, lorsqu'il est arrivé que les négociateurs français, refusant d'admettre ces évaluations, n'ont pu se mettre d'accord avec M. Cobden, loin d'exiger l'application du droit maximum de 30 p. c. *ad valorem*, comme le portait le traité, ils ont établi des droits moitié moindres.

Les conventions complémentaires, négociées dans de semblables conditions, furent ce qu'elles devaient être, ce qu'on voulait qu'elles fussent. L'industrie nationale qualifiée d'intérêt égoiste, fut

complètement sacrifiée, et les tarifs furent systé-
matiquement abaissés au-delà des prévisions les
les plus extrêmes.

On a consenti sur les fontes et sur les dérivés des
fers des droits qui ne sont nullement en harmonie,
qui sont en contradiction manifeste avec le droit de
7 francs sur les gros fers en barres qui avait été
fixé, par le traité lui-même, comme élément de la
conversion du droit *ad valorem* en droits spécifiques
pour tous les fers.

Les droits sur les machines ont été réduits pour
les unes de moitié, pour les autres des deux cinquièmes et au-delà, et il y a telles machines, par
par exemple les machines de filature, qui ne payent
plus que quinze francs par 100 kilogramme qui ne
payeront plus que 10 fr. en 1864, ou 9. p. c. à peine,
tandis qu'elles étaient tarifées auparavant à 48 francs.

Les filés de coton étaient prohibés, sauf les numéros fins ; le projet de loi de 1856 avait proposé de les
laisser entrer moyennant des droits qui pouvaient
représenter 30 p. c. ; M. E. Baroche, commissaire
du Gouvernement près le Conseil supérieur, avait
cru aller jusqu'à l'extrême limite des concessions
en proposant de les abaisser à 13 ou 14 p. c., cela

n'a pas encore paru suffisant à nos négociateurs
qui n'ont pas craint d'admettre des droits équivalant à peine à 8 p. c. Quant aux tissus de coton, qui
étaient prohibés comme les filés, et que M. E. Baroche avait proposé de tarifer à 20 p. c., les droits
stipulés ne leur laissent même pas 16 p. c. de protection.

L'industrie lainière n'a pas été moins mal traitée ;
la prohibition qui la protégeait jusqu'alors, a été
remplacée, pour les filés, par des droits qui, des-
cendant jusqu'à 25 centimes le kilogramme, ne
dépassent pas 1 fr., quelle que soit la finesse, et,
pour les tissus, par un tarif nominal de 15 p. c.,
réductible à 10 p. c. en 1864, et qui, étant perçu à
la valeur, tombera dans la pratique à un taux bien
inférieur.

Pour l'industrie du lin, qui n'avait été sauvée il
y a vingt ans que parce qu'on avait doublé les droits,
son existence va se trouver de nouveau remise en
question par un tarif qui ne représente pas une protection réelle de 8 à 9 p. c. sur les filés, tandis que
M. Legentil fils, commissaire du Gouvernement,
avait déclaré qu'il fallait une protection de 15 à 20 p. c.

pour mettre notre industrie en situation de soutenir la concurrence étrangère.

Enfin, pour ne pas pousser plus loin cette revue, le droit sur les faïences ne représente que le tiers, et le droit sur les cristaux que le dixième de ceux qui figuraient dans le projet de loi de 1856.

Ces tarifs étaient à peine connus en Angleterre, et ils y étaient connus avant même d'être promulgués chez nous, qu'ils furent salués par les démonstrations les plus chaleureuses dans les villes manufacturières du Royaume-Uni. Les chambres de commerce de la Grande-Bretagne votèrent des remerciements aux délégués qu'elles avaient envoyés et surtout des félicitations en l'honneur de M. Cobden. C'était un enthousiasme qui offrait le contraste le plus significatif avec la stupeur de nos centres de fabrique, quand ils apprirent par les publications officielles ces tarifs auxquels ils n'avaient pas voulu croire jusques-là.

On peut maintenant, d'après cet historique, apprécier, dans leur ensemble, le traité de commerce, les conventions complémentaires et les tarifs qu'elles renferment. On voit sous quelles préoccupations et dans quel esprit toute cette affaire a été conduite depuis le premier jusqu'au dernier jour. On sait comment ont été traités les intérêts les plus essentiels à la grandeur et à la prospérité du pays.

Qu'en résultera-t-il? nous laissons à l'avenir, à un avenir prochain, le soin de nous l'apprendre. Mais nous pouvons déja constater ce que les premiers faits nous ont appris.

Le traité est en vigueur depuis une année en ce qui concerne les avantages concédés à la France par la Grande-Bretagne. A en croire les avocats du traité, les stipulations consenties en notre faveur devaient ouvrir de magnifiques débouchés à nos produits vinicoles et à nos articles de luxe. Rien de tout cela ne s'est réalisé. Il est arrivé ce que les hommes expérimentés avaient annoncé d'avance. Les Anglais ne nous ont pas demandé plus de produits vinicoles et plus d'articles de luxe après qu'avant l'application des droits réduits.

Nous souhaiterions qu'il pût en être de même des importations des marchandises anglaises en

France, lorsqu'à partir du 1er octobre prochain les tarifs que · nous leur avons accordés entreront en vigueur. Mais il n'y a pas à s'y tromper, M. le Ministre des finances a porté, à son projet de budget de 1862, une somme de 16 millions pour le produit des droits de douanes sur les marchandises de provenance anglaise, dégrevées où admises pour la première fois dans la consommation. Or, les droits étant calculés à raison de 10 p. c. au plus, ce serait 160 millions de marchandises anglaises qui viendraient prendre la place de celle que le travail national est actuellement en possession de fournir au pays. C'est là ce que nous promettent les premières évaluations de notre Gouvernement.

Ici se place une observation que nous ne saurions passer sous silence avant de terminer. La balance du commerce entre la France et l'Angleterre était avant le traité, tout en notre faveur ; elle représentait en 1859, 312 millions à notre avantage, et le *Moniteur* lui-même a reconnu que c'était surtout en vue de la modifier que les Anglais avaient passé un traité de commerce avec nous. On voit, d'après ce que nous venons de dire, que leur but serait atteint. Tel serait, en effet, d'après ce premier aperçu, le résultat probable du traité de commerce : d'une part, accroissement à peu près nul des importations de France en Angleterre, et, d'autre part, accroissement de 160 millions sur les importations d'Angleterre en France. D'où il suit que, d'après ces premières données, les Anglais amélioreraient, par l'effet du traité, la balance de 160 millions à leur profit et par conséquent à notre détriment.

Voilà les débuts du traité ! Puisse-t-il ne pas se révéler de conséquences plus funestes encore, lorsque les tarifs seront plus complétement appliqués et que les Anglais auront appris à s'en servir. Puissent, comme le disait un membre du Corps législatif, les noms des négociateurs de notre époque ne pas aller rejoindre dans l'histoire ceux des de Vergennes, des de Calonne et des Dupont de Nemours !

Juin 1861

TABLE DES MATIÈRES

FIN DE LA TABLE.